Les pouvoirs de la parole en public

Junior Pérets

A mes parents, André Georges
Mbuyi Kalama Mwembia et
Henriette Mayamba Mambakasa

Tout homme qui ne connaît pas le pouvoir de la parole est en retard sur son temps.

Florence Scovel Shinn

Edition Vision Biosphère
Voir la vie dans toutes ses possibilités
https://www.vision-biosphere.com/
ISBN : 978-2-9564693-3-9

Dépôt légal : juillet 2019

Contenu

Quelques pensées avant de commencer 7

Remerciements.. 8

Préface... 12

Pourquoi j'ai écrit 21

Initiation.. 31

Le but de la parole en public.................. 33

Le pouvoir de la parole........................... 35

Les éléments à vaincre 40

De quoi parler ? 46

Les éléments d'influence 48

Les éléments nécessaires 51

La communication................................... 54

Les Techniques de base........................... 60

Les éléments pratiques 64

Parlez à l'aise... 66

Préparation à vie....................................... 66

Le sujet 69

Comment préparer et énoncer vos
interventions 71

Se faire apprécier 86

Quelques préalables 87

La considération de l'auditoire par
l'orateur 90

L'image de l'orateur 93

Les conseils de Dale Carnegie 99

Avertissement 111

Les secrets des orateurs 113

S'il vous plaît commencez ! 115

Vision Biosphère 120

Références bibliographiques 123

Quelques pensées avant de commencer

Les mots veulent dire .Ce que nos cœurs n'ont su retenir. **Nancy Kawaya**

*Les idées les plus brillantes au monde sont sans valeur si vous ne les partagez pas.***Dale Carnegie**

La parole est comme une flèche qui lorsqu'elle est mal envoyé peut faire de dégâts à l'oreille de celui qui la reçoit. **Proverbe Haoussa**

Ce qui sort de la bouche touche les oreilles. Mais ce qui sort du cœur touche l'esprit. Lorsque les mots sont dans la bouche. Nous en sommes propriétaires .Mais lorsqu'ils franchissent nos lèvre nous pouvons devenir esclave ou libre. **Bak'in Gado**

Celui qui a des idées et ne sait pas les faire passer n'est pas plus avancé que celui qui n'en a pas. **Périclès**

Remerciements

Je remercie ici :

Mwembia   Kabeya,   directeur   de
MANPROJECT (*J'en ai rêvé, MANPROJECT
m'a aidé à le réaliser*) l'homme qui m'a dit : la
vision sans action n'est qu'un rêve, l'action
sans vision est une perte de temps. Il n'y a
que la vision associée à l'action qui peut
changer le monde (produire un résultat). Zig
Ziglar a dit : le plus grand service qu'on
puisse rendre à quelqu'un n'est pas de
partager sa fortune avec lui, mais plutôt de
lui révéler la fortune qu'il possède en lui-
même. Il m'a rendu d'une part ce service. Il a
été toujours disponible pour moi. Avec lui la
sagesse est permanente.

Sebuliri Nyota Desanges que j'appelle
affectueusement Nyota *l'étoile de Toulouse*,
fondatrice et directrice en chef de Nyota
Magazine.   J'admire son courage et sa
détermination .Je peux confirmer que les
grandes occasions dans la vie sont rares. Elles

viennent comme les petites a dit Rick Warren.

Sacha Stellie qui a su transformer l'idée de ce livre en image pour sa couverture

André Mbuyi Kalama, notre père l'homme qui m'a appris à distinguer l'essentiel de l'accessoire. Il m'a aussi dit que la vie est compliquée. Il faut savoir la simplifier. Quelqu'un a dit : le père soulève l'enfant sur ses épaules pour lui faire voir le monde qu'il ne pouvait pas voir. Ce livre existe d'une part par ses épaules. Sa vie est un sacerdoce pour nous. Il n'est pas un géniteur mais un pourvoyeur.

Henriette Mayamba Mambakasa, notre mère elle a toujours vu un meilleur avenir quelles qu'en soient les difficultés. Une mère a en elle-même l'art et la manière de faire des choses avec brio et dextérité. Elle a à elle seule le secret et la recette de rendre heureux sa famille. Elle surprend et épate toujours par sa grandeur d'âme. Elle magnifie ses enfants. Une mère sait dire avec sa voix et son cœur car il utilise sa voix pour de conseils qui restent gravés à jamais dans nos cœurs. Par sa connaissance, elle a la meilleure pédagogie que les grandes écoles n'ont pas. Elle est la personne la plus influente au monde parce c'est elle qui a mis au monde toute les personnes qu'on dit être influentes et elle les a aussi influencées. Elle est la plus riche du monde par sa richesse d'âme dont on n'attend pas une reconnaissance particulière. Elle a toujours eu un cadeau permanent à sa famille, c'est son amour. Si elle a une passion c'est le bien-être de ses enfants.

Jean-Michel Thuriault de GrandissiMots qui a mis son professionnalisme en jeu pour que ces écrits soient potables.

La liste n'est pas exhaustive et je suis complètement dépassé par le nombre de membres de ma famille, d'amis, de collègues et de tous ceux qui m'ont aidé pour ce livre. Ils ont formé une véritable équipe dès le début. Que tous ceux qui se reconnaîtront dans leur contribution à cette œuvre trouvent par ces mots l'expression de notre profonde gratitude. J'ai écrit avec vous. Je vous remercie aussi. Je ne saurais pas être plus explicite et plus certain dans le choix de mes mots.

Préface

La parole en public a-t-elle un pouvoir ?

Ecoutons le témoignage qui suit, je le laisse intentionnellement dans sa version originale (en anglais) telle qu'elle je l'ai reçu le 17/04/09 à 20:20:37 pour ne pas le travestir et lui donner tout son impact. Rassurez-vous, j'ai pris le soin de le traduire après en français pour ceux qui préfèrent la langue de Molière à celle de Shakespeare.

*de   :"Max-Marc   FOSSOUO"
<max.fossouo@gmail.com>   ajouter à mes contacts   créer une alerte SMS*

*à   :"Kabeya   MWEMBIA"
<kabeya.manproject@wanadoo.fr>*

date :   17/04/09 20:37

objet :   Re: Kabeya, TOGETHER we can HELP and   DEVELOP   AFRICA   with   DALE CARNEGIE

Dear Kabeya,

Once again thanks for the follow-up call regarding the impact we can have in taking Africa to the next level.

As I believe in the power of testimonials, it's a great honor to tell the targted market what impact you and Dale Carnegie had in my live about 11 years ago. Here is my testimonial:

" I was just a high school student in Cameroon about 11 years ago when for the first time I attended a Dale Carnegie meeting. By the time, as you may guess, I had no knowledge about what coaching or training is. Also, to be frank, I was wondering why my mom, a successful business owner, wanted to attend at that kind of training session.

What a blast I had. The professionalism, the communication skills, the caring, and the commitment of Mr. Kabeya at helping the crowded room of camerooninans leaders and entrepreneurs take their life and business to the next level change my life. In fact, that was the day, I believe I got the purpose of my life: helping people grow.

13

After 6 years in sales, management, and leadership with two years in coaching, I am totally grateful to Mr. Kabeya for those seeds planted through a quality of a work well done, well performed, and tremendoulsy delivered.

Professionals do their job until they have it right. True professionals do their job until they cannot have it wrong. Mr. Kabeya, I believe, is part of the Top Gun League of TRUE PROFESSIONALS."

- Max-Marc Fossouo, Corporate Sales Trainer with Success Starts Now Seminars (A division of the American 154-years old Southwestern Company)

In spirit of Success,

Traduction en français

Cher Kabeya,

Une fois de plus, merci pour le suivi que vous assurez concernant notre implication et impact dans l'élan de porter l'Afrique vers le haut.

Croyant au pouvoir du témoignage, j'ai le grand plaisir de dire tout haut, le plus que vous et Dale

Carnegie avez apporté dans ma vie, il y a environ 11 ans. Voici mon témoignage:

"J'étais juste un lycéen au Cameroun, il y a environ 11 ans, lorsque j'ai assisté pour la première fois à une réunion de Dale Carnegie. A ce moment-là, comme vous pouvez le deviner, je ne pouvais distinguer de quel type de coaching ou de formation il s'agissait.

Franchement, je me demandais pourquoi ma mère, propriétaire d'une entreprise prospère, voulait assister à ce type de formation.

Quelle surprise agréable, j'ai eu ! Le professionnalisme, les aptitudes à la communication, la sollicitude et l'engagement de M. Kabeya à aider la salle pleine de dirigeants et d'entrepreneurs camerounais à faire passer leur vie et leurs affaires à un niveau supérieur, ont changé ma vie. En fait, c'était le jour, **je crois que j'ai perçu la vision de ma vie : aider les gens à grandir.**

Six ans plus tard dans la vente, la gestion et le leadership avec deux ans en coaching, je ne peux qu'exprimer ma gratitude à M. Kabeya pour ces *graines plantées grâce à la qualité d'un travail bien fait, bien exécuté et d'une grande efficacité.*

Les professionnels exécutent efficacement leur travail. Les vrais professionnels repoussent leurs limites et visent la perfection.

Je crois que M. Kabeya fait partie de la 'Top Gun League' des vrais professionnels.

Max-Marc Fossouo, Formateur des vendeurs d'élite chez Success Starts Now Seminars (une division de la société American 154-years old Southwestern)

Dans l'esprit de réussite,

Marc dit dans son témoignage : « **En fait, c'était le jour, je crois que j'ai perçu la vision de ma vie : aider les gens à grandir.**

L'idée cachée derrière ce témoignage est que nous avons une responsabilité quand nous prenons la parole devant un auditoire. D'où quand on parle en public, il faut parler vrai, parler clairement et parler distinctement. Cela nécessite donc une prise de conscience et un entrainement en utilisant les bonnes pratiques. Parce que ce que nous disons peut transformer en bien ou en mal. Voilà comment une rencontre fortuite et un message perçu à cette occasion à l'âge de 15 ans furent fondateurs de la vocation d'un jeune homme

Son destin serait-il différent s'il n'avait pas assisté à cette conférence ?

Junior Pérets, en écrivant ce livre sur le pouvoir de la parole en public, c'est comme s'il tentait de répondre à cette question.

Suivons-le dans son raisonnement.

Kabeya MWEMBIA
Trainer-Coach certifié Dale Carnegie Training

L'auteur nous aide à comprendre que la prise de parole en public est notre quotidien avant d'être une expérience lourde et turbulente .Vous êtes chanceux d'avoir ce livre entre vos mains et je suis convaincu que chacun y tirera sa part du gâteau. **Desanges Sebuliri Nyota**

Parfois prendre parole en public nous donne l'air d'avoir une mine patibulaire, et de ce fait nous sommes très vite confus et découragés.

Votre première expérience dans la prise de parole en public a peut-être été une Bérézina et cela vous a aussitôt affecté, ne jetez pas l'éponge si vite. Avec ce livre, l'auteur Junior Pérets nous emmène à découvrir le pot aux roses.

Peur de parler en public ? Vous préférez ne jamais oser ? Comment vaincre la peur de parler en public ? Est-il nécessaire pour vous d'être un bon orateur ?

L'idéal est de ne pas mettre à l'index cet exercice comme étant une mer à boire. Cependant dans son chef-d'œuvre, l'auteur nous aide à comprendre que la prise de parole en public est notre quotidien avant d'être une expérience lourde et turbulente.

En effet, vous avez certainement reçu de nombreux conseils et plusieurs occasions qui vous auraient permis d'affronter et de surpasser vos craintes dans la prise de parole en public, prenez le temps de séparer le bon grain de l'ivraie afin de ne pas reproduire les erreurs d'autrefois.

Dans tout ce que nous faisons, nous sommes appréciés en bien ou en mal. Dans le premier cas cela peut nuire à l'orateur dans la mesure où il cesse de faire des efforts. Que cela ne vous décourage point, nonobstant, animez-vous de patience et de courage car c'est ainsi que vous parviendrez à être cet éminent orateur.

Ainsi, dans sa jeune plume, l'auteur nous suggère de contenir dans notre verre, un cocktail d'authenticité, de passion, d'implication, du sérieux… Et d'humilité. Puisque, c'est alors revêtu de ces casquettes, que le *movere*, *docere* et le *placere* seront les marques du pouvoir qu'aura votre parole en public.

Vous êtes chanceux d'avoir ce livre entre vos mains et je suis convaincu que chacun y tirera sa part du gâteau.

Desanges Sebuliri Nyota
Fondatrice et Directrice en chef de Nyota Magazine

Pourquoi j'ai écrit

Les idées les plus brillantes au monde sont sans valeur si vous ne les partagez pas. **Dale Carnegie**

Tout le monde est appelé à présenter son travail un jour ou un autre, de ce qu'il fait dans la vie ou expliquer une situation. Mais souvent, lorsqu'on parle de la parole en public, l'image qui vient c'est une foule ou un groupe de personnes. C'est l'idée première qui m'arrivait aussi. Mais, nous ignorons que le fait d'avoir au moins un interlocuteur devant soi constitue déjà un public. C'est déjà parler en public. De ce fait chacun de nous a une fois pris la parole en public. Ceci dit, il y a des questions qui nous viennent à l'esprit : pourquoi un livre sur le pouvoir de la parole en public ? Si tout le monde parle déjà en public. Peut-on apprendre à parler en public ? Et y a-t-il réellement un moyen facile et rapide d'apprendre à parler en public aisément ? La vie de l'homme sur la Terre étant très courte, nous ne pouvons pas seulement apprendre de nos propres expériences. D'où il est nécessaire d'apprendre des autres. Car un discours lucide n'est pas un don naturel, c'est un comportement appris et souvent acquis par un labeur, a dit Jays Adams. Nous ne cesserons pas d'apprendre. Toute notre vie est un apprentissage. La parole a des grandes contributions dans notre vie de tous les jours, même sans nous en rendre compte. La parole en public nous octroie des pouvoirs. Les pages qui suivent vous les feront découvrir. Chaque jour, nous sommes appelés à parler en public et à voir les autres le faire. Et souvent dans la vie ce que nous faisons quotidiennement ne nous permet pas, parfois, de nous rendre compte de la contribution qu'elle apporte dans notre vie. John C. Maxwell insiste en disant : "*Tout le monde parle. L'important c'est de savoir comment donner à vos paroles de l'importance. Personne ne peut réussir dans la vie s'il ne sait pas communiquer efficacement. Travailler dur ne suffit pas. Faire du bon travail non plus. Pour réussir, il faut apprendre comment communiquer réellement avec autrui*".

Savez-vous que parler en public est un art à l'usage de tous. Il nous est nécessaire d'apprendre cet art. À tout art contribuent quelques principes, et beaucoup de technique qui est une voie suivie par l'esprit pour atteindre un objectif. Dans tout art on doit être initié. Mais ce n'est pas le fait d'avoir appris de parler en public qui fait de nous un bon orateur, même si c'est une voie. Car le grand but de la formation n'est pas le savoir mais l'action. Le plus important n'est pas de savoir, mais de faire, a dit Raphaëlle Giordano. Quelqu'un a dit : *"Former un homme c'est le mettre en face de toute situation"*. Aussi la formation de la parole en public peut vous apprendre les exigences (principes et techniques) de l'art oratoire mais pas l'ouverture et la tournure d'esprit. Mais les meilleurs orateurs sont ceux qui ont de la passion par leurs sujets et le désir ardent de communiquer.

Des études ont démontré qu'en moyenne une personne consacre 9% de son temps conscient à écrire, 16% à lire, 30% à parler et 45% à écouter. À l'école et à l'université, on apprend à lire et à écrire, mais rarement l'art de la parole efficace et celui de l'écoute fructueuse. Quelqu'un a dit : "*S'il y a deux choses qu'il devait apprendre avant d'aborder sa carrière professionnelle, c'était d'apprendre à parler et à écrire. Parce qu'il en avait compris l'intérêt*".

C'est dans le souci de me rendre efficace en communication orale que j'ai entrepris de me documenter sur ce qui concerne la "Parole en public", et en écoutant avec une attention particulière divers orateurs, et en le pratiquant aussi moi -même. Je n'ai pas voulu rester au stade ou on ne connaît que pour faire des blâmes, des critiques et des remarques aux autres. Ainsi, j'ai jugé utile de partager mes connaissances afin d'apporter ma contribution comme l'a dit Dale Carnegie : "*Les idées les plus brillantes au monde sont sans valeur si vous ne les partagez pas*". Tout ceci dans le souci de susciter de l'intérêt de cet art du quotidien. Je ne dis pas que je suis arrivé, ou le meilleur. Je continue d'apprendre et à pratiquer.

Ces écrits seraient utiles à toute personne qui désire être initiée à bien parler et s'améliorer, aussi pour ceux qui veulent s'en rappeler, puis le mettre en pratique. Rick Warren, nous donne le conseil suivant : *"Ne vous contentez de lire cet ouvrage, entrez en dialogue avec lui. Soulignez des phrases, notez vos commentaires dans la marge, faites-en votre livre. Personnalisez-le ! Les livres qui m'ont le plus aidé sont ceux que je ne me suis pas contenté de lire, mais ceux auxquels j'ai réagi».* Dans son livre Au-delà des apparences Nancy Kawaya dit : *"Chaque fois que nous ouvrons un livre, c'est comme si nous embarquons pour un voyage dont nous ne reviendrons pas les mêmes. C'est sans doute la raison pour laquelle vous êtes en train de lire ce livre, si le titre vous a appelé à l'ouvrir parmi les milliards de livres qui existent, c'est qu'il y a quelque chose pour vous".* Il devrait être lu comme une sensibilisation à la parole en public.

Loin de nous d'avoir une haute opinion de soi. Ceci n'est pas le seul document qui puisse exister en cette matière. Nous ne sommes pas les seuls à traiter de ce sujet puisque plusieurs avant nous, que ce soit dans le monde religieux et professionnel, l'ont traité, et d'autres le feront après nous.

Les pages qui suivent n'ont pas l'intention de les remplacer.

Accepter d'apprendre et de pratiquer

La plupart d'entre nous sont passés par l'étape du système scolaire ou académique sans avoir suivi le moindre cours de communication orale. Parce que l'école survalorise l'écrit au détriment de l'oral. Alors que l'on apprend de nombreuses disciplines dans les études supérieures, « l'art des présentations » est passé sous silence, comme si le savoir académique, c'est-à-dire le fond, était suffisant pour se passer d'un apprentissage de la forme. Plus tard, la formation continue offre souvent une remise à jour des connaissances tout au long de la vie professionnelle. Là encore, l'apprentissage des présentations fait figure de grand absent, malgré la richesse des programmes proposés. À quel moment apprend-on alors à bien parler ? Sur le terrain et à ses dépens ? C'est le moment d'apprendre. Il n'est jamais trop tard pour apprendre, s'améliorer et se rappeler. Voici l'opportunité qui s'offre à vous. David O.

Oyedepo a dit : "*Aucune chose précieuse ne commence au maximum de son potentiel. Tout commence comme une semence*".

Il y a d'une part des gens qui n'apprennent que lorsqu'il s'agit d'une formation classique ou professionnelle. D'autre part trop de gens cessent d'apprendre, car ils en sont venus à croire qu'après l'école ou une formation, on cesse d'apprendre. Une bonne éducation ne fait rien de plus que de vous préparer à vous développer et apprendre pour le reste de votre vie. Il y a aussi ceux qui cessent à cause de mauvaises expériences du passé. Ils disent : « *J'ai essayé* », ou « *J'ai déjà fait ça* » a dit John Maxwell.

Si vous avez ce livre entre vos mains c'est parce que vous voulez apprendre. Oprah Winfrey a dit : "*On vit, et si l'on est ouvert sur le monde, on apprend. Tout le monde qui veut réussir cherche à apprendre* ".Votre réussite dépend de vous-même. D'après Zamenga B : "*Le dynamisme d'une personne comme celle de toute nature dépend de trois éléments auxquels nous essayons de donner un coefficient :*
- *Le don ou l'hérédité : 10%*

- *L'influence du milieu : 30%*
- *L'apprentissage ou l'effort personnel : 60%"*.

Beaucoup de hauts managers, dirigeants, experts ou même de cadres, pensent qu'ils savent concevoir de bonnes présentations, simplement grâce à leur niveau dans la profession, à leurs compétences reconnues, à leurs connaissances du métier ou leurs diplômes prestigieux. Plus généralement, il est admis que la présentation sera réussie à partir du moment où l'on connaît bien son sujet. On ne peut qu'exceller dans l'art de la présentation ! Et pourtant, il suffit d'observer l'auditoire pour constater que bien souvent la consultation du téléphone portable ou le « *pianotement* » sur l'ordinateur portable remplacent l'écoute active de l'orateur. Lassée des présentations longues, rébarbatives ou sans vie, l'assemblée n'est plus présente que physiquement. Même si beaucoup de speakers savent composer avec leur ego face à un auditoire distrait, ces situations posent la question de l'efficience de ces moments de travail en groupe. Sauf pour ceux qui possèdent des talents innés d'orateur, la réussite d'une présentation passe par un apprentissage de certaines techniques, et donc par la remise en cause de réflexes ou de pratiques communément admises.

Or, l'art de la parole en public nous apparaît bien souvent comme l'apanage de quelques privilégiés. Nombreux sont ceux qui pensent qu'il y a ceux qui sont doués et ceux qui ne le sont pas. En fait, il n'en est rien. Si vous vous livrez à un petit sondage autour de vous, vous vous apercevrez certainement que ceux qui vous impressionnent le plus sont ceux qui ont travaillé leur technique le plus sérieusement ; par la même occasion, vous vous rendrez compte qu'ils ont dû affronter et vaincre, sans y être vraiment préparés, les mêmes difficultés que celles auxquelles vous vous trouvez confrontés. D'une manière générale, faute d'une formation appropriée à la communication professionnelle, les cadres recourent aux principes et aux règles appris au cours de leur formation scolaire et universitaire. Mais notre éducation classique n'a pas été conçue pour s'adapter aux réalités et besoins de la vie des affaires. Rappelez-vous en quelles occasions on vous demandait de prendre la parole à l'école : dans tous les cas, c'était pour permettre au professeur de contrôler vos connaissances. Aujourd'hui, lorsque nous avons à prendre la parole en public, nous nous retrouvons inconsciemment dans cette situation d'examen permanent et nous craignons avant tout la critique de ceux qui nous écoutent. Il y a un vieux dicton qui dit : " *Aucun homme n'est ton ami, aucun homme n'est ton ennemi, mais chaque homme est là pour t'apprendre quelque chose*". Florence Scovel Shinn a dit : " *Il faut apprendre ce que chaque homme peut vous apprendre et ne pas prendre les choses trop personnellement. Les leçons apprises sont libératrices*".

Initiation

Celui qui a des idées ne sait pas le faire les exprimer n'est pas plus avancé que celui qui n'en a pas   **Périclès**

Contrairement à ce que l'on pourrait croire, l'art de la parole est plus un acquis qu'un don inné. Les orateurs les plus prestigieux, malgré l'apparente aisance avec laquelle ils manient le verbe, sont souvent ceux qui ont le plus étudié et pratiqué les techniques du discours. C'est que, culturellement, nous percevons la prise de parole en public comme une épreuve et non comme un vrai moment de plaisir.

Il existe des brillants orateurs. Hormis ceux-là nous avons les suivants :

- Les trembleurs : ceux qui tremblent pendant l'exposé. Cela se remarque souvent chez les étudiants le jour de la soutenance de mémoire (Travail de fin d'étude ou de cycle). Ceci est souvent dû à la peur de l'échec et de la contradiction,

- Les excuseurs : ceux qui s'excusent toujours lorsqu'il s'agit de prendre la parole devant un certain nombre de gens, soit par peur d'être contredit ou soit par un manque d'habitude ou par timidité,

- Les orgueilleux : ils cherchent à épater et non transmettre un message. Ils viennent parler d'eux-mêmes et démontrent leur supériorité à l'auditoire. Aussi, ce sont des donneurs de leçons. En oubliant que quand vient l'orgueil vient l'ignominie,

- Les Ennuyeux des personnes dont l'auditoire n'arrive pas à saisir les messages du début jusqu'à la fin de leurs interventions. Ce sont aussi des orateurs qui prennent des exemples qui ne cadrent pas avec leurs sujets,

- Les timides : des élèves ou participants dans une réunion qui n'osent jamais lever la main pour donner une réponse, poser une question ou donner un avis (souvent par peur d'être ridicule),

- Les journalistes : la présentation du journal télévisé s'améliore. Mais ici nous nous évoquons l'époque où le présentateur ou la présentatrice lisait ses notes sur la table et regardait la caméra (téléspectateur). Certaines personnes le font encore aujourd'hui.

Le but de la parole en public

Quelqu'un a dit : " *Si le but d'une chose n'est pas connu. Son abus est inévitable*". Le but de tout ce que l'on dit est d'amener les auditeurs à prendre des résolutions tout en semant une motivation à les prendre. La parole en public n'est pas de s'entretenir avec une foule mais de savoir communiquer tout en commençant par une personne. Ceci pour ne pas laisser les autres dans l'ignorance. Tant qu'il n'y a pas d'information, tout demeure un mystère. Selon Bertrand Périer : "*La parole est action ou n'est rien. Parler, ce n'est pas jongler avec des idées, ni polir des sentences, roucouler, faire des effets de manche, poser pour le profil. Parler, c'est convertir. Au moins convaincre ; ou affermir des convictions chancelantes. Ce que vous voulez changer ne peut s'obtenir que si vous en parlez".* Rick Warren a dit : " *Si on ne parle pas d'une chose on en perd le contrôle. Ce n'est pas seulement pour laisser les autres dans l'ignorance mais une penséee pour l'avenir".* C'est ainsi que l'histoire a été transmise d'une génération à une autre. Il est d'un grand intérêt, avant de prendre la parole, de savoir pourquoi on le fait. Simon Sinek a dit : "*Une fois que votre pourquoi est clair, il y aura une constance dans vos paroles*"

Nous parlons pour quatre objectifs :

- Informer : mettre des autres au courant de quelque chose (avertir ou aviser). Ce que font les journalistes, professeur, pasteur etc....). Amener aux autres ce qu'ils ne connaissent pas ou le leur rappeler

- Convaincre : amener les autres par un raisonnement ou par preuves à reconnaître la vérité, l'exactitude ou sa nécessité. En d'autres termes, les amener à un même point de vue.
- Faire agir : amener les autres à une action. Ici on parle pour qu'une action se passe qui doit s'exécuter où qui ne doit plus être exécutée.
- Distraire : faire passer le temps agréablement par des paroles. C'est ce que font les comédiens (humoristes). Détourner quelqu'un de ce qui l'occupe et le préoccupe. C'est aussi un moyen pour faire passer un message.

Le pouvoir de la parole

Face à ce tableau, que nous le sachions ou pas, nous parlons soit pour informer, convaincre, faire agir, soit pour distraire. Selon Dale Carnegie : "*Dans la vie, il y a quatre moyens seulement, quatre par lesquels notre* image reste gravée dans la mémoire des autres ; ce que nous paraissons, faisons, ce que nous disons et notre façon de le dire". C'est à travers eux que nous sommes jugés. Ainsi nous comprenons que la moitié de l'image que les autres ont de nous vient de la parole. Parler en public nous donne certains pouvoirs. Selon Don Miguel Ruiz : "La parole n'est pas seulement un son ou un symbole écrit. C'est une force ; elle représente votre capacité à vous exprimer et à communiquer. Mais comme une lame à double tranchant, votre parole peut créer les rêves les plus beaux ou tout détruire autour de vous. Selon la façon dont elle est utilisée, la parole peut vous libérer ou vous asservit plus que vous pouvez l'imaginer. Pour que notre parole soit impeccable, il ne faut donc pas l'utiliser contre soi". Florence Scovel Shinn a dit : "Tout homme qui ne connait pas le pouvoir de la parole est en retard sur son temps".

Ceci nous amène à nous poser la question suivante : quels sont les pouvoirs de la parole en public ? Nous avons trouvé les pouvoir suivants :

1. **Pouvoir de progression et de régression** : Notre manière de parler peut nous aider à progresser ou à régresser. Dale Carnegie a dit : "*La capacité de bien parler en public vous offre des perspectives insoupçonnées. Et le cours de l'histoire a été à maintes fois changé par des hommes et des femmes qui avaient le désir et le pouvoir de transmettre leurs convictions et leurs émotions. Car les idées les plus brillantes au monde sont sans valeur si vous ne les partagez pas*". Périclès a dit : "*Celui qui a des idées et ne sait pas les exprimer n'est pas plus avancé que celui qui n'en a pas*" Nous avons un emploi ou nous le perdons à cause de notre manière de parler à une interview. Il peut nous offrir des ouvertures ou en réduire. Toute personne aspirant à une position de leadership le trouve nécessaire. Il faut pourtant savoir que 85% des gens ont réussi dans leur vie grâce à leur habileté à communiquer. Les gens ne connaitront ce que vous faites que si vous en parlez. Le romancier français Émile de Girardin

a fait remarquer ce qui suit au sujet du pouvoir des mots : "*Les mots sont dotés d'un pouvoir immense. Des mots bien choisis ont arrêté des armées, changé des défaites en victoires et sauvé les empires*". Dans son livre « *Du rêve à la réalité* », John Maxwell nous fait savoir : "*Les mots que vous choisissez ont le pouvoir de vous rapprocher ou vous éloigner de votre rêve*". Anthony Robbins a dit : "*Le pouvoir, c'est aujourd'hui la capacité de communication et de persuasion*". Dans toute vie en société, bien parler, c'est à dire s'exprimer de façon claire et convaincante, est essentiel. Savoir choisir les mots justes, les bons mots, ceux qui émeuvent, ceux qui persuadent, ceux qui marquent, c'est avoir une longueur d'avance. « *Parler c'est être vu* » a dit Bertrand Péirier. Salomon, connu pour avoir été l'homme le plus sage de tous les temps, a dit ceci : "*Les mots tuent, les mots donnent la vie ; ils sont soit un poison soit un fruit, à vous de choisir, comme une autre version le rend : les paroles peuvent être sources de vie ou de mort"*. Qui aime parler doit accepter les conséquences.

2. **Pouvoir de révélation** : La moitié de notre image auprès des autres, passe ou nous vient de l'usage de la parole. Notre manière de parler représente ce que nous sommes intérieurement sauf les hypocrites. Lorsqu'on rencontre quelqu'un pour la première fois, sans pour autant l'avoir entendu parler, on ne peut pas dire qu'on le connait. C'est ainsi qu'on dit : « *Rencontrer quelqu'un c'est un évènement, mais le connaitre c'est un processus* ». Le premier élément du processus c'est l'entendre parler et non rester sur son image. Bertrand Périer a dit : "*La parole est un véritable enjeu de société. Il y a à cela une raison simple : parler, avant même de délivrer un message, c'est dire son passé, sa culture, c'est dire son caractère, sa personnalité. Parce que la parole est un révélateur, un marqueur social redoutable et presque infaillible"*.

3. **Pouvoir d'assurance** : parler en public constitue le moyen le plus facile et rapide de développer le courage et la confiance. La parole en public nous fait sortir de notre coquille ou zone de confort pour échanger avec les autres.

Les éléments à vaincre

Dans son livre intitulé « *Du bonheur, voyage philosophique* » Fréderic Lenoir dit : "*La vie nous apprend que nous portons en nous divers freins qui entravent la réalisation de nos aspirations profondes : peurs, doutes, orgueils, envies, ignorances, etc.*". Tout art exige une initiation. Ainsi pour parler en public, il nous est nécessaire de vaincre :

1. La Peur : C'est une évidence erronée paraissant réelle. Si l'on demande aux gens quelle est la chose qui leurs empêche de parler en public, la plupart répondent qu'ils n'ont peur de rien. Ce n'est pas exact, mais rare sont ceux qui se rendent compte qu'ils sont handicapés spirituellement et physiquement par une forme de peur. La prise de la parole commence par l'étude, l'analyse et la compréhension de trois ennemis qu'il faut chasser de votre esprit : la peur, le doute et l'indécision. La peur est un état d'esprit qui peut être contrôlé. Nous avons vu des gens refuser de parler à cause d'elle. Emerson a dit : *"La peur fait échouer plus de gens que n'importe quel fléau au monde"*. La peur de parler vient simplement du manque d'habitude. Elle est faite d'ignorance et d'incertitude. Ce que les autres diront peut aussi en être la cause. La peur veut dire s'enfuir. Mais pourquoi avoir peur lorsqu'on va dire ce qu'il faut. L'essentiel est de faire passer le message. Dans son livre « *Ce dont je suis certaine* » Oprah Winfrey a dit : *"Rien de ce que vous redoutez le plus n'a de pouvoir, c'est votre peur qui détient le pouvoir* ». Trois affirmations pour la peur :

- Votre cas n'est pas unique : on dit souvent que le début a toujours été difficile,
- Une certaine dose de trac est utile pour nous prépare encore davantage,

- Un grand nombre des conférenciers professionnels ont assuré que le trac ne les avait jamais quittés complètement. La peur se manifeste par des tremblements.

Vous ne pouvez pas éviter la peur. Aucune cérémonie ne l'enlèverait. Pour la vaincre, vous devez la sentir et vous mettre en action. C'est une arme que nous utilisons pour notre propre destruction. Elle est l'une des grandes causes d'échec dans la société. Dans la parole en public c'est la peur d'échouer, la peur des autres, d'être connu, des critiques et des oppositions. Quoi que vous fassiez, il y aura toujours des gens qui parleront en bien ou en mal. Les deux formes de peur les plus redoutables sont :

- La peur du rejet : elle conduit à rechercher constamment la validation des autres dans tous vos paroles, et
- /La peur de l'échec : elle conduit surtout à ne pas prendre des risques.

Chaque fois que vous avez peur, cela signifie qu'il y a quelque chose que vous ne comprenez pas, ou que vous ne voyez pas. La peur provient de l'ignorance. Le développement du courage commence par la compréhension des origines psychologiques de la peur. Tout enfant nouveau n'éprouve seulement que deux craintes : la peur de tomber et celle des bruits (assourdissant). Toutes les autres formes de peur que nous éprouvons en tant qu'adulte, sont apprises au fur et à mesure que nous grandissons. Ces peurs proviennent des critiques et des avertissements souvent destructeurs de ceux qui nous entourent même lorsqu'ils étaient remplis de bonnes intentions. Le courage n'est pas l'absence de peur, mais l'audace d'affronter ce que vous craignez.

Comment combattre la peur :

- Soyez bien préparé : maîtrisez votre sujet, répétez consciencieusement et préparez votre introduction.
- Soyez reposé et en bonne forme physique : essayez de passer une bonne nuit.
- Conduisez-vous en hôte : soyez si possible, le premier dans la salle.

Vous verrez ainsi arriver votre auditoire, vous l'accueillerez et échangerez peut-être quelques mots. Il n'y a rien de plus impressionnant que de se lever pour marcher vers l'écran sous les yeux des auditeurs.

- Positivez : imaginez-vous en train de réussir votre discours, l'auditoire impatient de vous écouter. Vous avez le beau rôle.

- Occupez-vous l'esprit : dans les minutes qui précèdent votre discours, vérifiez calmement, une dernière fois, l'ordre de vos transparents ou celui de votre présentation dans votre ordinateur, la position du projecteur, etc. Pensez à des choses matérielles et pratiques.

John Maxwell a dit : "*Il est bon de ressentir la peur de temps à autre. La peur est un bon professeur. Ce qui nuit, c'est de vivre dans la peur, en permettant à la peur de dicter vos choix, en permettant à la peur de définir votre identité*". Mark Twain a dit : « *Le courage est la maitrise de la peur, et non l'absence de la peur.* »

2. **La timidité et la déconsidération de soi** :
on ne se sent pas toujours prêt à dire quelque
chose aux autres. On pense que tout le
monde a les mêmes connaissances que nous.
Le monde actuel est un monde d'échanges et
de contacts. Mais il existe des hommes et
femmes timides. La timidité peut se définir
comme un manque d'assurance dans une
action ou une réalisation. On n'est pas timide
tout seul. On l'est devant une personne ou un
groupe de personnes. Elle est un style
comportemental marqué par la tendance à ne
pas initier le contact avec l'autre, mais à
attendre que l'autre vienne. Une tendance à
l'inhibition face à ce qui ne nous est pas
familier. Le problème de la timidité est basé
sur l'estime de soi.

3. **L'orgueil** : il précède la chute et l'humilité
précède la gloire. De toute les façons, ce que
vous êtes parle plus que vous dîtes et permet
à l'auditoire de lire votre esprit. Ici on parle
de ceux qui ont une haute opinion d'eux.
Ceux qui veulent épater.

4. **L'imitation** : la plupart d'entre nous
connaissons des comédiens ou autres

personnes qui imitent la voix de politiciens et autres. Lorsque nous les écoutons et les regardons, c'est ici la leçon : N'essayez pas d'imiter les autres, soyez vous-même. Tirez donc le maximum de votre personnalité. Votre parole devrait être une partie de vous-même, de votre chair. Elle devrait être le fruit de votre expérience, de vos convictions, de votre style de vie, de votre personnalité. Comme l'a dit Emerson: « *Arrive à un moment dans la formation de tout homme où il en vient à la conviction que l'imitation est un suicide* ». En dernière analyse tout art est autobiographique. Soyons naturels dans l'action. Evitons jusqu'à l'apparence du geste étudié. L'art est froid, la nature seule a de la vie. Votre manière doit être bien à vous.

De quoi parler ?

On ne parle que de ce que l'on connaît. Ce que l'on ne connaît pas, peut-on en parler ? On ne donne que ce que l'on a. Ce que l'on n'a pas, peut-on en donner ? Ainsi nous ne parlons que de notre expérience dans laquelle il y a notre passé et ce que nous avons étudié.

Nos propres expériences

Montesquieu a dit : *"On sait que ce que l'on pratique"*. On peut se documenter sur une ville cela ne remplacera pas une descente sur le terrain. Les gens sont captivés par les témoignages. Ces hommes et femmes qui rendent passionnantes leurs histoires, en relatant leurs expériences professionnelles et personnelles. Les orateurs qui parlent de ce que la vie leur a apporté retiennent l'attention du public. Nous savons que beaucoup ont du mal à admettre ce point de vue, mais il suffit de suivre la télévision. Les émissions où on parle des histoires d'amour. Ce sont les plus suivis. Parler en public des expériences constitue le moyen le plus rapide de développer le courage et la confiance en soi-même. Tout le monde a un passé riche en expériences. Beaucoup trouvent les généralités et les principes philosophiques malheureusement abstraits.

Ce que nous avons étudié

Les études font aussi partie de notre expérience. Dans les universités et autres, on organise des conférences et autres types de réunions. On n'invite que des personnes, des sujets de leur étude. En étudiant on relève toujours des preuves convaincantes. Etudier ne veut pas nécessairement dire l'école, mais la compréhension d'un sujet ou d'un domaine. Dans les études nous avons :

- Le sujet très personnel,
- La connaissance particulière,
- La croyance et la conviction,
- Le sujet de recherche et matière traité à l'école

Les éléments d'influence

Nous sommes conditionnés, contaminés par les choses que nous voyons, lisons et entendons. De ce fait, même nos paroles sont originaires de ces derniers. En d'autres termes, ce dont nous parlons sont les produits de ce que nous avons vu, entendu et lu :

1. **Ce que nous avons vu** : dans ceci il y a ce que nous avons expérimenté. Ce que l'œil a vu nous aide à formuler des images et des exemples. Les introductions de certains discours commencent souvent avec ce que nous avons déjà observé. C'est ce qu'a fait l'apôtre Paul lorsqu'il est arrivé à Athènes. Il dit : "*Athéniens, je vois que vous êtes, à tous égards, extrêmement soucieux d'honorer les autres divinités. En effet, en parcourant les rues de votre ville et en examinant vos monuments sacrés, j'ai même découvert un autel qui porte cette inscription : à un dieu inconnu. Ce que vous rêverez ainsi sans connaître je viens vous l'annoncer*". Notre observation aide à comparer ce qui est nouveau avec ce qui est familier. Les images sont utiles du début à la fin du message. Le président Mobutu en s'adressant aux Nations unies à New York en octobre 1973, pour montrer l'importance de la République du Zaïre, actuelle République Démocratique du Congo, a utilisé l'image que Frantz Fanon a donnée de l'Afrique : la forme d'un revolver dont la gâchette (la

détente) se trouve au Zaïre. C'est ce que nous avons vu qui est à la base de proverbes, énigmes, fables, paraboles etc…

2. Ce que nous avons entendu : comme on le dit souvent : "*C'est en forgeant qu'on devient forgeron*". Si vous écoutez des orateurs brillants, c'est-à-dire des gens qui, en les écoutant, vous enrichissent en connaissances, en d'autres termes quelqu'un auprès de qui vous apprenez en l'écoutant. C'est en côtoyant le sage qu'on le devient. Lorsqu'on entend un enfant insulté, c'est qu'il a entendu cela des adultes qui habitent avec lui.

3. **Ce que nous lisons** : « *on s'accoutume à bien parler en lisant souvent ceux qui ont bien écrit* » disait Voltaire. Lire, c'est s'enrichir de l'expérience de la vie de ceux qui nous ont précédés. Que lire ? Diderot prétend que s'il n'y a point de bons livres pour un sot, il n'y en a pas de mauvais pour un homme de bons sens. Il y a ceux qui tombent dans la gourmandise des livres. Un gros mangeur peut rester maigre. Les médecins disent : "*Ce n'est pas ce que l'on absorbe qui nourrit, c'est ce qu'on assimile*".

Ces trois éléments cités ci-haut forment l'objet de nos pensées. Ainsi, les idées ne viennent que de là. Aussi nos pensées sont des paroles en gestation.

Les éléments nécessaires

Ce sont les bases de la parole en public sans quoi elle ne pourrait pas exister. Tout le monde a déjà parlé en public. Comme l'a dit Zamenga : "*Tout le monde a déjà écrit un livre*". Une lettre pour lui en est un parce qu'elle exprime une penséee. Il en est de même aussi pour la parole en public. Nous savons tous qu'il n'est pas facile d'être naturel en public lorsqu'on a déjà une personne devant soi, on l'a déjà fait. Les éléments nécessaires sont les suivants :

- **Orateur** : la personne qui sait parler. Il l'est parce qu'il est porteur d'un message qui poursuit l'un des objectifs cités précédemment. Il doit parler au cœur aussi bien qu'à l'esprit de son public. Son message doit être précis car on pose souvent la question aux participants : de quoi on a parlé ? C'est ainsi qu'il est nécessaire de savoir à qui l'on s'adresse. Il doit vivre ce qu'il dit, c'est-à-dire en homme impliqué par ses propos. Il est plus intéressant d'être un homme de profondeur car il est plus facile d'effleurer une question que de la développer. Mais lorsque nous allons à la facilité, nous avons peu d'impact sur l'auditoire. Il est nécessaire d'avoir la maîtrise de ce que l'on veut dire.

- **Message** : La pensée profonde adressée aux hommes par un orateur. Avoir quelque chose à dire, ou un message à faire passer, qui résulte d'une motivation de l'orateur. Un chef d'entreprise qui veut de l'excellence au sein de son organisation ne peut qu'entretenir les travailleurs sur ce sujet. J'ai un ami qui dit souvent : lorsqu'on n'a rien à dire, vaut mieux siffloter. Si vous n'avez pas de message à faire passer, trouvez une autre personne pour le faire. Pour toute personne, il est nécessaire avant de parler d'avoir la réponse à la question suivante : qu'est-ce que je veux dire ? Et pourquoi ?

- **Auditoire** : vous pouvez avoir votre message, mais il faut avoir les gens qui ont besoin de l'écouter. Un auditoire n'est pas une salle mais un ensemble de gens qui écoutent un message, en commençant par une personne. La valeur d'un message n'est pas dans la personne qui parle mais dans ce qu'il sème dans le cœur ou la pensée de ceux qui l'écoutent. Lorsqu'on n'a pas d'auditoire, le message n'a pas de valeur. La majorité des choses que nous faisons n'ont de la valeur que lorsque nous les présentons aux autres. Je ne nie pas l'intérêt de s'octroyer des moments de solitude. Vous pouvez vous dire que vous êtes le meilleur artiste, poète, chanteur… Mais, la vraie reconnaissance de vos talents passe par les autres. Les cibles d'une communication ne sont pas les oreilles. Ce n'est qu'un canal, mais aussi le cœur et la pensée. Il faut aussi tenir compte de l'écoute sélective : l'auditeur a tendance à ne percevoir dans une information que ce qu'il s'attend à entendre. Tout ce qui dévie cette attente n'est pas entendu, ou son sens est faussé, ou est refusé. Si l'auditoire n'existe pas, on peut le créer ; c'est la raison pour laquelle il existe plusieurs types des réunions : symposiums, conférences, ateliers, colloques, séminaires, ateliers de formation, journées de réflexion, restitution, sensibilisation, campagnes etc... La radio et la télévision créent aussi le public. La compréhension de l'auditoire dépend de la circonstance et de l'espace.

La communication

Il ne suffit pas de parler mais d'être compris, ou un orateur doit savoir communiquer. Le mot communication vient du latin communis qui signifie commun. C'est à dire rendre communes ses paroles. Ce que vous comprenez par vos dires doit l'être aussi pour l'auditoire. Chacun de nous en a fait l'expérience .Certains orateurs sont mortellement ennuyeux alors que d'autres sont passionnés et rendent leurs sujets attrayants. Bertrand Périer a dit : « *Il y a une différence importante entre l'écrit et l'oral. Ecrire, c'est envoyer une bouteille à la mer. L'écrivain ne sait ni qui le lira, ni quand il sera lu. Il a d'une certaine façon vocation à l'éternité : comme l'a dit l'adage, les paroles s'envolent, les écrits restent .À l'inverse, parler c'est dédier sa parole à ceux qui vous écoutent ici et maintenant dans l'instant du discours.*

Il y a trois facteurs qui handicapent la communication : les bruits, les écrans et la redondance.

- **Les bruits** : on désigne par le terme bruit tout ce qui affecte à degrés divers la transmission du message : la voix trop basse ou couverte par la musique, manque d'attention du récepteur. Il peut provenir du canal de communication (parasites divers), de l'orateur ou l'auditoire.

- **Les écrans** : divers écrans empêchent la communication de passer : le langage mal adapté, mots et expressions qui dépassent le vocabulaire actif et passif des auditeurs. On appelle vocabulaire passif, celui qu'un auditeur n'emploierait pas lui-même mais dont il comprend le sens, message bourré de termes liés à une spécialité, concept très difficile (trop abstrait, philosophique ou théologiques). La banalité des informations constitue un écran tout aussi gênant : si le message ne contient que des choses trop connues ou qui n'intéressent pas les auditeurs, ils ne l'écoutent plus.

- **La redondance** : est considéré comme redondant tout élément du message n'apportant aucune information nouvelle. On évalue à 50% le taux moyen de redondance des langues : ainsi dans un message, 50% des informations sont utiles. Un discours doit être original, mais il ne peut pas contenir seulement des idées neuves. On a calculé que 10% d'informations nouvelles est le maximum que l'on puisse admettre dans une communication orale. Le reste doit être connu mais présenté sous une forme nouvelle. Les gens aiment réentendre ce qu'ils savent déjà, à condition que l'orateur sache leur dire de manière intéressante, originale, que ce soit présenté sous un angle neuf, cela les rassure. Ils sont en terrain connu et accepteront alors volontiers quelques éléments nouveaux qui leur sont encore connus. Si un message ne contenait que de la redondance, il manquerait son but et les auditeurs se demanderaient pourquoi ils sont venus. Comme une plante n'absorbe que ce qui est dilué. Ainsi l'homme ne retient qu'une partie de ce qui a été dit. Mais même s'ils n'ont appris qu'une seule chose nouvelle, ils seront reconnaissants, car ils n'auront pas perdu leur temps. La redondance est la condition nécessaire à la clarté et l'intelligibilité des messages.

Il y a quatre facteurs qui favorisent la communication :

- **L'originalité** : plus le contenu est nouveau pour l'auditoire ou le récepteur, plus l'information transmise par ce message est originale pour lui. Il ne faut pas que ce facteur dépasse un certain pourcentage, sinon le message devient indigeste.
- **Le désir de l'auditoire** : si les paroles de l'orateur ne correspondent en aucun désir de l'auditeur, il n'écoutera que d'une oreille distraite et ne retiendra rien. En fait, nous filtrons inconsciemment ce que nous entendons et nous ne retenons seulement dans notre mémoire ce qui correspond à un désir ou un besoin actuel. C'est ainsi qu'il est nécessaire de connaître les besoins de l'homme. D'après Abraham Maslow, il existe cinq besoins chez l'homme :

physiologique, sécurité, appartenance, estime et réalisation de soi. Nous savons tous que lorsque les besoins de l'homme ne sont pas satisfaits, l'homme devient "violent". D'où le rejet de certains orateurs par le public. Il est important à l'orateur de connaître le point commun avec son auditoire et leurs besoins réels. Un auditeur s'attend à apprendre d'un orateur. Voici les éléments qui favorisent l'apprentissage : le niveau des connaissances, les conditions socio-économiques, les buts personnels, le milieu, le cadre, âge, sexe, expérience, sens pratique, attitude, la méthode et la demande.

- **La lisibilité ou la clarté** : même si le message est original et correspond aux désirs de l'auditoire, s'il est transmis en charabia c'est-à-dire en mauvais français, il ne sera pas compris ni enregistré. Il est important de soigner l'expression qui nécessite la connaissance de la langue par laquelle on veut communiquer pour qu'il soit adapté au public lisible, même par le non initié.

- **Le talent de l'orateur** : tout art est autobiographique. Ce talent comprend la manière de parler de l'orateur, sa maîtrise de l'expression orale (ton de la voix, expression corporelle...). Le désir et la lisibilité d'un message dépendent en grande partie d'une qualité de l'orateur que Carl Roger, cité par Alfred Kuen (2007), appelle empathie, c'est-à-dire la capacité à se mettre à la place de l'autre et de ressentir ce qu'il ressent. F. Richaudeau a dit : *"Sans un peu d'empathie, pas de communication vraie"*. Il n'existe pas d'orateur né. Il n'est pas un don, mais un produit.

Les Techniques de base

Dale Carnegie donne les techniques de ce qui peut aider les initiés à mettre en pratique. Ce sont :

- **Prendre courage** : le courage n'est pas l'absence de la peur mais c'est l'audace de la bannir. Le courage peut aussi provenir des expériences des autres. D'ailleurs, il n'existe pas d'orateur né. On devient forgeron en forgeant. Et ce à quoi on accorde le temps, c'est ce que l'on devient. Tout ce qui se sont succédés à la Maison Blanche ne sont pas nés dedans. Ils ont pris le courage d'y arriver. Le début a toujours été difficile, on ne sait que ce que l'on pratique. S'il vous arrive de douter de vos capacités, souvenez-vous de la première fois où vous avez appris à compter ou à lire. Un bébé ne se met pas à parler le même jour. Il ne marche pas en un seul jour. Il commence d'abord par s'asseoir, ensuite à marcher à quatre pattes, se mettre debout et enfin marcher. Il y a des fois, nous avons plus d'éléments qui nous découragent que ceux qui nous encouragent. Mais les Ivoiriens disent : « *découragement n'est pas ivoirien* ».

- **Pensons aux avantages** : réfléchir d'abord aux avantages, il n'y a rien pour rien. Comme nous l'avons dit précédemment, parler en public ouvre des portes insoupçonnées. Cela apporte une grande confiance en soi. Aussi, cela peut nous procurer des nouvelles relations, accroître nos moyens d'action dans la vie civique, social ou religieuse, et augmente l'influence, professionnel. Notre avenir dépend de qui nous voit. En bref cela vous prépare à devenir un leader. Il est impossible de prévoir jusqu'où l'aptitude de parler en public conduit. La plupart des chefs d'état ont commencé par être porte-parole.

- **Réussir avant** : considérons toute occasion comme une réussite, cela ne passe que par la préparation. Nous répétions nos cours lorsque nous étions en études, parce que nous avions la volonté de réussir. On ne s'improvise pas orateur. Sinon on risque de rougir devant le public. L'art oratoire exige la connaissance de ce dont on va parler. Ce qui est nécessaire afin d'éviter de croire à l'effet public ou salle, c'est-à-dire lorsque je serai devant, les idées viendront d'elles-mêmes. Un gagnant se prépare toujours, la préparation est le seul secret pour réussir, car la réussite est l'apanage de ceux qui sont préparés.

- **Saisir toutes les occasions** : les grandes occasions dans la vie viennent comme les petites. Les occasions fourmillent dans la vie. Adhérez à des organisations et soyez volontaire chaque fois qu'il faut prendre parole. Levez-vous et soutenez votre point de vue dans les réunions. Ne vous tenez jamais à l'écart de discussions. Une opportunité manquée est une destinée hypothéquée, a dit quelqu'un.

- **Intégrer votre capacité de parler en public dans votre identité** : ceci passe par se reconnaitre capable.

Les éléments pratiques

Selon John C Maxwell : *"La communication n'est pas une affaire de syntaxe, d'éloquence, mais tout dépend du contexte psychologique dans lequel on présente le message"*. Nous avons toujours quelque chose à dire sur un certain nombre de sujets. Ainsi, apprendre à parler en public n'est pas tout ; cela ne remplace ni la conviction, ni l'enthousiasme, ni le talent, ni les connaissances et ne dispense pas de l'étude de modèle. Aussi ce n'est pas le fait d'avoir appris à parler en public qui fait de nous un bon orateur. Car le grand but de la formation n'est pas le savoir mais l'action, et former un homme c'est le mettre en état de faire face à toute situation. Je répète, le seul but de cette partie était de présenter la nécessité, et d'initier à la prise parole en public.

Autrement dit, la réussite dépend premièrement de notre nature, deuxièmement des embûches ou écueils que nous tend le milieu, mais surtout de notre volonté exprimée dans les séances d'entraînement, bref de nos efforts personnels.

On demandait un jour à Bunk Hunt, le milliardaire du pétrole texan, s'il avait un conseil à donner aux gens qui veulent réussir. Il répondit que la réussite était une chose simple. Premièrement savoir ce que l'on veut avec précision ; deuxièmement, décider du prix qu'on est prêt à payer pour l'avoir et…payer le prix pour l'avoir, pour l'obtenir. Dans la pratique il y a "la minorité" qui agit par opposition à "la majorité qui parle".

Le désir profond et irrésistible de vous perfectionner, la volonté d'apprendre à mieux se faire comprendre, vous aidera à aller plus loin. Pour apprendre, il faut une attitude active et non passive. C'est en nous exerçant que nous nous perfectionnons.

Parlez à l'aise

Ce que l'on conçoit bien s'énonce clairement.
Et les mots pour le dire arrivent aisément.

Boileau

Vous vous dites probablement : « Y a-t-il réellement un moyen facile et rapide d'apprendre à parler en public aisément ou bien, est–ce simplement un don? ». Ainsi, lorsque nous intervenons en groupe ou en public, il est de notre intérêt d'être à l'aise, sans quoi la communication ne serait pas possible.

Préparation à vie

Certains orateurs ont naturellement une grande facilité à parler. Ils trouveront superflus les conseils qui suivent. Bertrand Périer a dit : *"Le don n'est rien sans travail"*. Pour eux, leur facilité même peut être un piège : parlant sans préparation intensive, ils risquent de se laisser aller vers un verbiage sans plan, où la densité des idées est assez faible au point de parler des orateurs affligés de logorrhée (diarrhée verbale, excès de parole). Selon Bertrand Périer : *"Bien parler suppose un entrainement, des techniques, pour être à l'aise en public, mais aussi pour structurer un discours, délivrer avec aisance, convaincre en toute circonstance"*.

On ne parle que de quelque chose dont on mérite de parler par étude ou par expérience. Combien de temps vous a-t-il fallu pour préparer ce message. Question embarrassante posée de temps en temps à un orateur et à laquelle il est difficile de répondre. Parfois, les gens s'imaginent que l'on "fabrique un message". Comme un menuisier fabrique-t-il un meuble : avec du matériel et un certain nombre d'heures. N'est-ce pas exact, car l'artisan a consacré plusieurs années de son apprentissage et il a acquis une perfection de sa technique durant des années de pratique.

John Stott, en reprenant une question qui lui est souvent posée par les jeunes : *"Combien de temps faut-il pour préparer un seul message "* ?, dit aussi : "*La meilleure réponse est probablement : toute la durée de votre vie parce que chaque discours est dans une certaine mesure, une distillation de tout ce que quelqu'un a appris jusque-là, et c'est la réflexion du genre de personne qu'il est devenu toutes ces années*". De ce fait, vous constaterez la progression d'un orateur sur un sujet au fil de temps.

« *Le temps n'épargne pas de ce que l'on fait sans lui.* » Cette pensée de Fayolle ne trouve que de meilleure application pour la préparation d'un message. Qui étudie juste en vue du prochain discours ressemble tout à fait à quelqu'un qui défriche un terrain vague afin d'en tirer un petit bout de jardin, pour découvrir la semaine d'après que le terrain vague a repris le dessus. Continuer à se cultiver dans le plus grand nombre possible de domaines est une obligation pour tout orateur (conférencier, prédicateur, enseignant…) s'il veut rester crédible et intéressant. Qui veut la fin veut les moyens. L'homme est le produit de son passé, le manque de préparation fait que l'orateur apparaît embarrassé et l'empêche d'avoir confiance en soi.

Le sujet

Le débutants connaissent-ils la nécessité de chercher eux même leurs sujets ? Pas assez. Il est probable qu'ils cherchent leur sujet dans une revue, un livre, ou soient empruntés des autres personnes. Comme un oiseau ne se pose que sur un arbre qu'il connaît. De même le sujet doit être connu. Beaucoup de ceux qui étudient et pratiquent la parole en public veulent tirer leurs sujets d'un livre ou d'une revue, au lieu de le tirer de leur propre savoir et leurs convictions. Voilà pourquoi certains sont confus dans leurs interventions. Il y a aussi des organisations qui, proposent aux orateurs des sujets. Si ceux-là ne correspondent pas à vos connaissances, vous pouvez décliner l'offre ou proposer un autre orateur qui s'y connait mieux sur le sujet. Souvent nous sommes tentés à aborder, à parler d'un problème international tel que la pollution, la crise financière ou autres. Il est nécessaire de choisir un sujet simple, n'importe quoi pourvu que vous en saisissiez l'idée ; qui mérite d'être traité par sa connaissance ou son expérience ; dont on est passionné, et avoir le désir profond de communiquer ses idées et ses sentiments à ses auditeurs.

Mériter de parler d'un sujet ne permettra pas automatiquement de réussir à communiquer. Un autre élément doit être ajouté qui est la dynamite dans l'expression : non seulement il faut être qualifié pour parler mais encore faut-il avoir le désir profond de communiquer ses convictions et de transmettre ses émotions. Les gens sont attirés parce que :

- Le sujet est intéressant,
- Le sujet est d'actualité ou d'avenir,
- Le sujet d'intérêt personnel pour l'étude, le travail et la vie courante.

Le sujet ou le thème, constitue le toit sous lequel la structure en différentes parties, chaque penséee isolée, chaque application et chaque exemple, doit se ranger.

Nous pouvons recenser quelques questions à se poser pendant que l'on rassemble les matériaux :

- Qu'ai-je lu sur ce sujet ?
- Qu'ai-je observé qui jettera la lumière sur le sujet ?
- Qu'ai-je réfléchi à ce sujet ?
- Qu'ai-je rassemblé sur ce sujet ?

Tant que cela dépend de nous, nous devons nous même chercher et trouver les sujets de nos interventions.

Comment préparer et énoncer vos interventions

Voici huit recommandations de Dale Carnegie qui nous aideront considérablement :

1- N'écrivez pas votre texte

Pourquoi ? Parce que si vous le faites, vous utiliserez le style du langage écrit au lieu du style facile de la conservation ; et quand vous vous lèverez pour parler, vous serez probablement préoccupé de vous rappeler ce que vous avez écrit. Cela vous empêchera d'être naturel et brillant. Un exposé lu au lieu d'être dit ne peut être suivi de l'auditoire parce que :

- La lecture efface la personnalité de l'orateur qui ne regarde plus son public et se coupe du groupe,
- La lecture exclut les modes de communication non verbaux, indispensables pour maintenir le contact (regards, gestes, expressions). Un exposé qui n'est pas esclave d'un texte écrit permet de mieux garder le contact visuel avec son auditoire et de tenir compte de ses réactions. Le ton est différent suivant qu'on lit, que lorsqu'on parle comme d'habitude. Il a été demandé à un conférencier s'il écrivait ses interventions, il a répondu : *"Ce que j'ai à dire, je crois, est plus important pour être écrit"*. Je préfère m'adresser de tout mon être à l'intelligence et au cœur de mes auditeurs. Il n'y a pas de place pour une feuille de papier entre ce que je veux convaincre et moi. L'expérience nous apprend que les messages qui nous ont le plus impressionnés

étaient généralement dits sans être lus, lorsque l'orateur regardait son auditoire les yeux dans les yeux. « *Regardez vos auditeurs décemment en face, l'un après l'autre comme nous le faisons dans une conversation familière* », disait John Wesley. Des psychologues ont même fait des tests : comparer des informations lorsqu'on leur lit des informations et lorsqu'on leur dit directement. Dans le premier cas, ils retiennent 49% des informations, dans le deuxième, 67%. L'œil est un organe du discours indispensable dans toute communication.

Il est préférable pour certains de rédiger in extenso leur message avant de le donner. Ensuite faire une synthèse où l'on mentionnera les idées intéressantes pour l'exposé. Le texte complet permet de le relire, aide à préciser la pensée, à formuler de manière plus adéquate et plus concise et vous évitera de vous égarer dans de développement étranger à votre sujet. « *Ecrire*, disait Bacon, *rend un homme exact dans sa pensée et exact dans ses paroles*. »

2. Notez brièvement les idées intéressantes que vous désirez mentionner

C'est une synthèse qui vous oriente du début jusqu'à la fin de votre exposé, qui vous permet de parler très librement tout en évitant les aléas de l'improvisation. Il y a de ceux qui qui passent des diapositives et ceux qui ont deux ou trois papiers. Pour les premiers la technique a toujours des caprices. Ce qui nécessite de l'avoir en dur (physique). Il est aussi possible de s'exprimer sans notes. Être libre de ses notes vaut tout le prix qui est à payer pour y parvenir. Or cela dépend essentiellement de trois facteurs de la préparation : la saturation, l'organisation et la mémorisation. Par saturation Ch.W.Koller entend l'occupation intensive avec son sujet, de manière à le connaître dans toutes ses ramifications. Personne ne peut être éloquent sur un sujet qu'il ne comprend pas. D'où, chaque orateur devrait éliminer les zones d'ombres en rapport avec son sujet. Rien ne peut remplacer le temps consacré à l'étude d'un sujet. L'organisation : un plan rédigé in extenso. En ayant convenablement saturé son esprit du contenu du message et organisé sa matière dans un plan logique, 90% de la mémorisation est déjà fait. Mais, mieux on comprend le message et l'intérêt porté sur du sujet traité, agit sur sa mémorisation.

3. Ne mémorisez pas votre exposé

Lorsque j'étudiais, on appelait mémoriser, "bloquer", c'est-à-dire tout avoir en tête. Une fois, au cours d'une émission culturelle où les élèves déclamaient des poèmes, l'une des élèves a commencé à les faire arriver en plein poème, elle s'est écriée : « *j'ai oublié* ». Cela arrive aussi souvent chez certains orateurs. Apprendre par cœur son exposé est-il une parfaite préparation ? À cette question je réponds non. En essayant de prévenir les dangers du trou de mémoire devant le public. Il n'existe pas de mémoire fidèle. De nombreux orateurs tombent dans ce piège. Un de mes amis me disait toujours : « *il n'existe aucune mémoire fidèle, mémoriser un discours c'est perdre du temps, gaspiller de l'énergie et courir à l'échec* ». Dans la vie, nous parlons spontanément, nous ne pensons pas nos mots. Si nos idées sont claires, les mots viennent naturellement et spontanément.

Boileau a dit : "*Ce que l'on conçoit bien s'énonce clairement. Et les mots pour le dire arrivent aisément*". Si nous apprenons mot à mot, il est probable que nous oublierons tout quand nous nous trouverons devant nos auditeurs. Même si nous retenons le texte, nous le réciterons mécaniquement. Lorsque nous nous adressons à quelqu'un, nous pensons à ce nous voulons dire, puis nous parlons sans chercher nos mots. Nous l'avons fait toute notre vie. Pourquoi vouloir changer maintenant ? Si vous mémorisez votre intervention, vous êtes presque certain de l'oublier, personne n'aime écouter un discours "mis en conserve". Vous aurez un regard absent et un ton de voix manquant de naturel. Si vous craignez d'oublier ce que vous voulez dire, prenez donc quelques notes et tenez-les en main dans une disposition facile pour jeter un coup d'œil occasionnellement. C'est ce que je fais souvent et parfois.

4. Sachez sur votre sujet 40 fois plus qu'il en faut

Il m'est arrivé d'écrire un article de deux pages sur le braconnage au nom de la chasse. J'ai mérité de l'écrire et d'en parler parce que j'ai fait deux ans de formation en gestion des ressources naturelles, option faune et flore. J'ai fait un stage d'un mois et une semaine dans une réserve de biosphère et mon travail de fin d'étude portait sur la chasse. Je suis spécialiste, voilà pourquoi je pouvais traiter ce sujet. Devenez un spécialiste de votre sujet. Développez cet atout précieux qu'est la puissance en réserve. Ce n'est pas parce qu'on a lu seulement un article dans un journal qu'on peut en parler. Il est essentiel de connaître plus, c'est ce qui vous permettra de faire face à des questions embarrassantes ou imprévues. Connaître un sujet c'est connaître tous ses contours.

5. Illustrez vos interventions par des exemples

Le moyen de loin le plus simple pour rendre une intervention intéressante, est de l'agrémenter d'exemples. Imaginez-vous un cours de mathématique sans exemples ? Quel ennui pour les élèves. L'exemple de Jésus nous montre la valeur qu'il attachait aux histoires et aux images. Ses discours abondent en anecdotes, illustrations et comparaisons. Il ne leur parlait jamais sans paraboles. La tâche de l'orateur est de faire voir les choses à ses auditeurs, puis de les faire sentir, agir sur base de ce qu'ils ont vu et ressenti. L'exemple bien choisi est le meilleur moyen de rendre une idée intéressante et convaincante. Les illustrations ont cinq avantages :

- Elles éveillent l'intérêt des auditeurs et assurent leur attention,
- Elles rendent nos interventions vivantes et proches de la vie de tous les jours,
- C'est une sorte de démonstration concrète,
- Souvent, elles agissent aussi sur les sentiments,
- Elles rendent compréhensibles les enseignements et les devoirs, même à

des gens ayant peu des facultés intellectuelles.

Un proverbe arabe dit : *"Le meilleur orateur est celui qui peut transformer les oreilles des auditeurs pour en faire des yeux. Les illustrations peuvent être trouvées dans des livres ou être imaginées"*.

6. Testez vos propos en conversant avec des amis et connaissances

Comme nous l'avons dit précédemment, parler en public commence par une personne, c'est ainsi qu'il conviendrait de tester nos propos lors de nos conversations. Cela permet d'enrichir votre exposé en échangeant avec les gens dans les bus ou ailleurs, en glissant quelques mots. Si je suis arrivé à écrire ces notes et me mettre à parler de la parole en public, c'est parce que ceux qui m'ont entendu en parler m'ont fait des remarques pour m'améliorer et m'ont encouragé jusqu'à ce jour. Les idées les plus brillantes au monde sont sans valeur si vous ne les partagez pas. C'est du choc des idées que jaillit la lumière. C'est ainsi souvent pour préparer la présentation de travail de fin d'études ou autres exposés. Certains les font devant les amis pendant que d'autres sont discrets en attendant le jour J. Ainsi la plupart des remarques faites par des amis, si on ne se corrige pas, peuvent nous nuire. Un homme averti en vaut deux.

7. Travailler la cause

Parler c'est l'effet d'une cause, c'est ainsi qu'il est préférable de travailler la cause pour laquelle vous prenez la parole que de soigner les effets. On a écrit beaucoup de choses nuisibles et prêtant à confusion sur la manière de prononcer un discours. La vérité c'est que lorsque vous faites face à un auditoire, vous devez oublier tous les détails : voix, respiration, geste, maintien. Oubliez tout sauf ce que vous dites. Beaucoup de gens pensent que parler en public est différent d'une causerie, c'est faux. Ainsi, ils se tiennent devant en gonflant, changeant le ton de la voix passant plus de temps sur les effets que sur le véritable message. Si nous renonçons à être simples et naturels, nous n'avons plus droit d'exiger qu'on nous croie et qu'on nous écoute. Evitons de parler d'une manière peu naturelle, afin que l'on puisse dire : il parle. Exprimez aisément vos idées et vos émotions devant un auditoire réclament seulement quelques semaines d'entraînement technique. C'est beaucoup plus facile que de devenir musicien. Vos gestes, vos attitudes reflèteraient vos émotions. Un enfant qui veut quelque chose s'exprime et fait des gestes qui vous aident à comprendre ce qu'il veut .Jésus-Christ a dit : "*Si vous ne devenez pas comme des petits enfants, vous n'entrerez pas dans le royaume des cieux.* ". Et à moins que vous ne deveniez aussi naturel, spontané et libre qu'un enfant en train de jouer, vous ne pourrez entrer dans le royaume de l'éloquence. Aussi, si votre attitude est bonne, votre communication sera bonne. On ne donne que ce que l'on a. Si vous êtes convaincu, l'auditoire le sera. Si les escrocs le font et réussissent, à plus forte raison vous, qui avez un message correct. Il ne s'agit pas dans un premier temps d'apprendre à faire des gestes, ni comment se tenir, ni comment parler avec force, ce ne sont là que des effets. Il s'agit de vous attaquer à la cause qui produit ces effets. Cette cause est enfouie en vous-même. C'est votre propre attitude mentale et émotionnelle qui convient. Vous n'aurez aucun effort à faire. Nous communiquons beaucoup de choses à nos auditeurs sur le plan non verbal. Dans la conversation courante avec un ami, nous accompagnons nos paroles des gestes appropriés. Le langage du corps fait partie des conventions symboliques que tout le monde comprend sans paroles. Pourquoi n'utiliserions-nous pas les mêmes gestes naturels en public ? Tout ce qui rapproche un message de la conversation familière favorise la communication. Nos gestes soulignent ce que nous voulons dire, ils éveillent l'attention des auditeurs et facilitent leur concentration. Les gestes font appel, mieux que la parole, aux sentiments et aux impressions des auditeurs. De plus, ils libèrent l'orateur de sa tension et lui donnent l'assurance. En ce qui concerne le regard, il crée une atmosphère d'ouverture et de proximité personnelle, le contact visuel donne l'impression de sincérité et d'assurance, il donne à l'orateur la possibilité de réagir à des signaux émanant de son auditoire. Permettez-moi de le répéter disait Dale Carnegie : "*Votre façon de vous exprimer est l'effet d'une cause qui la précède et qui la produit*". Toute action entraîne une réaction. Si vous n'êtes pas satisfait de la façon dont vous vous exprimez, ne cherchez pas à modifier cette façon. Retournez à la base ou modifiez la cause qui a produit cet effet. Changez votre attitude mentale et émotionnelle. En d'autres termes, concentrez-vous d'abord sur le fond que vous désirez communiquer plutôt que sur la forme. Spurgeon dit : "*Soyez naturels dans l'action jusqu'à l'apparence du geste étudié. L'art est froid, la nature seule a de la vie. Votre manière doit être bien à vous*".

8. La préparation immédiate

Être prêt à prendre la parole comme nous l'avons dit précédemment, il y a la préparation lointaine et la préparation immédiate. Après avoir maîtrisé le contenu de son sujet. Il est essentiel pour l'orateur de commencer à s'imaginer devant un public. En présentant seul son intervention dans un endroit isolé. Cela lui permettra de s'évaluer personnellement à la connaissance du sujet ; de s'ouvrir à d'autres idées importantes, nouvelles ou qui ont été oubliées, et permet d'éviter le temps mort. Cette phase est très importante pour réussir son exposé. Lorsque j'étais étudiant, il y avait un assistant d'un cours à caractère mathématique qu'on avait surnommé Pépé Kallé (artiste musicien congolais décédé : « éléphant » de la musique africaine). Les étudiants l'avaient surnommé ainsi parce qu'il était au tableau en train de résoudre un exercice, il était bloqué, confus alors que lui-même était venu avec ses exercices. On disait qu'il n'avait pas révisé la matière avant de venir la donner. Il arrive aussi pour certains intervenants d'être à l'aise. La préparation immédiate ; c'est aussi pour se mettre en tête du début à la fin, c'est-à-dire de l'introduction à la conclusion en passant par le développement. Une introduction : du latin : *intro*, à l'intérieur et *ducere*, conduire, devrait nous conduire suffisamment à l'intérieur. Elle doit être brève, capter l'attention de l'auditoire dès le début. Elle doit donner envie d'en savoir plus. Elle peut prendre la forme d'une question, d'une citation ou d'une blague. Le développement, ou le corps du message, présente le contenu de la communication. La conclusion doit résumer brièvement en rappelant le but. Au cours de la préparation immédiate l'orateur devra aussi déjà vaincre l'orgueil, la peur, la timidité et l'imitation. Pour cela, il faut déceler les causes de la présence de ces quatre éléments. Il y a ceux qui veulent se faire prévaloir en public, n'ont pas l'habitude ou craignent les autres, ils ont du mal à initier un contact et ne croient pas en eux-mêmes. L'orateur devrait mettre tout en ordre.

Se faire apprécier

Les huissiers répondirent : jamais homme n'a parlé comme cet homme **La Bible**

Lorsque nous parlons c'est aux autres que nous nous adressons. Cela implique que notre œuvre nous apporte une satisfaction complète. Cela doit être apprécié par ceux à qui elle a été destinée. Ceci est aussi valable que nous soyons appréciés par nos auditeurs parce que nous ne pouvons pas nous évaluer nous-même. C'est ainsi lorsque nous intervenons en groupe ou en public, il est essentiel de nous faire apprécier de nos auditeurs, afin de favoriser le bon accueil de notre message. Nous avons répertorié les conseils qui se sont révélés jusque-là utiles. Tout étant sujet à évolution.

Quelques préalables

L'apparence physique

Voici quelques éléments à soigner avant de se présenter pour l'oral, éléments qui jouent un rôle essentiel dans la décision finale, malgré leur « futilité » apparente :

- Le look ou l'apparence servent de déclic dans la communication : c'est le premier contact entre deux individus, avant même que la parole ne s'instaure. C'est un des moyens dont dispose le candidat pour dire qui il est : effectivement son apparence transmet un message qui va induire une réaction, un comportement. C'est la première impression. L'aspect visuel, l'allure corporelle générale, vont donner les premières informations en arrivant et faire état du dynamisme ou pas du candidat, de son esprit d'ouverture, de sa présence. Cette première impression va déterminer les a priori avec lesquels les autres vont aborder votre personnalité, il est donc fondamental que ces a priori soient les meilleurs possibles…

- La tenue vestimentaire : l'habit ne fait pas le moine, mais on reconnaît le moine par son habit. Il est essentiel d'éviter les extravagances.

- Libre à vous de garder vos piercings ou vos bijoux voyants et clinquants : attention à ce que le cliquetis de certains bijoux ne parasite pas la conversation ou n'agace vos interlocuteurs. Sachez, si vous êtes questionné à ce sujet, l'expliquer et le défendre. Toutefois, gardez en tête que vous pouvez être amené à travailler auprès d'un public très jeune ou en difficulté, et que ce style de look peut poser problème. Attention le règlement intérieur de quelques centres de formation stipule que certains bijoux ou piercing sont proscrits ; renseignez-vous, et le cas échéant, n'allez passer l'oral avec les bijoux interdits…

- Soyez le plus naturel possible, mais ne pas confondre décontraction et nonchalance : mieux vaut se tenir droit (bon pour la respiration et donc pour la parole), les pieds bien à plat sur le sol (reliés à la terre).
- Une des règles de base (si ce n'est l'unique) est la propreté : il s'agit là de bon sens, nous vous l'accordons, bon sens parfois négligé par certains candidats. Soignez vos ongles (même si vous vous les rongez), arrivez coiffé (les cheveux masquant le visage ne font jamais l'unanimité auprès de ceux qui vous écoutent).
- Prenez garde aux odeurs prononcées : les odeurs de cigarette, friture, parfum trop fort, transpiration excessive, « haleine café », peuvent véritablement déranger l'auditoire.

La considération de l'auditoire par l'orateur

La considération que l'on démontre à une personne se manifeste dans l'utilisation de son temps. Tout discours a un temps déterminé. Terminez ce que vous avez à dire dans le délai qui vous a été accordé. Si vous voulez savoir combien de temps prendra votre exposé, lors de la préparation, faîtes votre discours comme si vous étiez devant vos futurs auditeurs. Cela se fait en utilisant une montre ou un chronomètre, ou arrangez-vous de manière à connaitre d'avance le temps qui vous a été accordé. Il est nécessaire d'inclure le temps de questions et réponses, là où les préoccupations du public n'ont pas trouvé satisfaction. Elles peuvent être posées dans un autre lieu ultérieurement. Si votre temps a été réduit par les organisateurs, il est essentiel d'être synthétique. J'ai entendu et vu des gens au fond de la salle montrer à l'orateur la montre ou se mettre à bâiller, à déranger et à sortir. La tentation de certains est de croire qu'il y a toujours du temps. Je connais des orateurs qui s'étonnent toujours que le temps soit vite écoulé sans terminer la matière. Puisqu'ils ne regardent pas souvent l'heure, soit ils sont interrompus par des questions, soit ils sont arrivés eux-mêmes en retard. Le retard donne une certaine image de l'orateur à son auditoire. Car ce qu'on pense d'un intervenant influe sur sa considération par le public. Le temps n'est pas seulement de l'argent, c'est la vie. « *Ceux qui emploient mal leur temps sont les premiers à se plaindre de sa brièveté* », a dit La Bruyère. Pour un orateur la ponctualité est une exigence. D'ailleurs être à temps vous permet d'être à l'aise lors de votre exposé parce que chaque chose est à sa place. Enfin, celui qui a un rendez-vous avec le destin sait gérer son temps. Votre ponctualité discipline aussi vos auditeurs. Je sais que lorsque j'étais en études, il y avait un de nos professeurs qui venait toujours à l'heure. Les retardataires de l'auditoire venaient à l'heure. En plus c'était un cours d'option. Dans des réunions où il y a plusieurs orateurs, il est de notre intérêt d'être à temps pour écouter les autres. Cela détend en sachant que le prochain, ou que tous les orateurs, sont là pour que l'auditoire soit apaisé. C'est aussi pour éviter de redire ce que les autres ont dit déjà. S'il y a des perturbations de votre côté annoncez-les le plus tôt possible. Être à temps vous permet non seulement d'être à l'aise et d'écouter l'orateur mais cela peut vous ouvrir la voie. La voie veut dire un élément qui a été mentionné par le modérateur, un autre orateur, ou en étant observateur du lieu peut vous aider à commencer.

Comme je l'avais mentionné à l'initiation à la parole en public où vous pouvez avoir votre message sans auditoire, il est sans importance, de ce fait il mérite le respect et considération. Sigmund Freud dit que « *tous nos actes sont provoqués par deux désirs fondamentaux : le désir sexuel et le désir d'être reconnu.* » Selon le philosophe John Dewey, le mobile le plus puissant des appétits humains. Cette aspiration d'être reconnu. C'est ce que John Dewey appelle le désir d'être important.

Considérer l'auditoire comme important influence notre manière de communiquer. L'auditoire doit se sentir porté à cœur par l'orateur.

L'image de l'orateur

Ce qu'on pense de l'intervenant influe grandement sur la réception ou la non-réception de son message. Dans une université des Etats Unis (Nortwestern University), le même discours enregistré fut présenté à trois groupes différents d'étudiants.

Au premier groupe on dit qu'il s'agissait du discours d'un membre du gouvernement ; au deuxième, que l'orateur était le président du parti communiste et, au troisième, qu'il s'agissait d'un étudiant. « *Je ne discute pas l'éthique d'une tel expérience* » disait Jay Adams qui la rapporte, mais je note seulement qu'elle illustre bien l'importance cruciale de ce que l'auditoire pense de l'orateur : l'acceptation ou la non-acceptation dépend de son image de marque. Le discours présenté étant comme celui d'un membre du gouvernement eut une meilleure acceptation que les deux autres. Les idées du communiste suscitèrent une réaction négative de la part d'un étudiant, quelle valeur pouvait-elle bien avoir ?

En ce qui concerne l'image d'un orateur Adams en distingue deux :

1. **Image prospective** qui se réfère à son prestige, sa réputation, c'est-à-dire sa situation dans son entreprise (ONG, dénomination, …) ou sur le plan national ou international, son expérience, ses connaissances, ses diplômes, ses titres, sa compétence dans le domaine dont il parle, bref : son autorité (ou son manque d'autorité). À ceci ses actes posés en bien ou en mal.

2. **Image actuelle**, c'est celle que l'orateur donne immédiatement avant, pendant et après son message : sa tenue, sa voix, son langage, sa prononciation, l'impression d'équilibre qui se dégage de sa personnalité, est-il convaincu de ce qu'il dit, enthousiaste ou apathique ? Cette image n'est pas statique : elle

évolue au cours de l'exposé (en bien ou en mal).

Aristote déclarait : « *La personnalité de l'orateur est son meilleur moyen de persuasion* » . Ce que vous êtes parle plus fort que ce que vous dites. On a dit que le message est au messager ce que le liquide est au récipient qui le contient : il en prend la forme sans subir lui-même un changement.

L'équipement nécessaire :

- **L'implication** : Vous ne pouvez pas parler d'une chose dans laquelle vous n'êtes pas impliqué. Puisqu'on ne parle que de ce que l'on connaît par expérience ou par étude. Sinon, ce serait, pour employer l'une des images de Supergeron, une souris qui veut éduquer des aigles. De telles personnes se trouvent encore dans nos milieux. Ce que nous sommes parle plus fort que ce que nous disons et c'est certainement plus efficient à la langue.

- **L'authenticité** : Ce mot connaît au cours de ces dernières décennies un regain de faveur. Les jeunes l'emploient avec prédilection. Il a pris le sens d'un accord entre ce que l'on pense et ce que l'on fait. Etre authentique, c'est vivre en accord avec ses convictions et ses paroles, ce n'est pas avoir deux vies, une publique et une privée, différentes l'une de l'autre. Rien ne reste caché sur la Terre. Actuellement, la justice déterre sans ménagement les affaires malhonnêtes de certains politiciens. Dans d'autres pays on passe leur vie privée au crible et l'on force à démissionner ceux dont le comportement ne correspond pas aux normes régnantes. La parole en public n'est pas qu'une affaire de mots, de phrases. Elle est liée à la personnalité de l'orateur, à son rayonnement, à l'unité entre ce qu'il dit et ce qu'il est. L'accord entre ce que nous disons et ce que nous sommes a aussi pour dénomination la sincérité. Être sincère, c'est n'avoir rien de cacher. Soyons toujours sincère à 100%. Une déclaration douteuse peut éventuellement tromper un auditeur mais pas un auditoire.

- **Être sérieux** : c'est ressentir profondément ce dont on parle, être préoccupé intensément à son domaine, à délivrer son message et être attentif aux progrès de ses auditeurs.

- **La passion** : Max Weber a dit : *"Rien n'a de valeur, pour l'homme en tant qu'un homme, qu'il ne peut faire avec passion"*. Elle est définie comme un très vif mouvement qui pousse quelqu'un vers ce qu'il désire de toutes ses forces. Ce qu'il aime avec intensité, en aveugle, la souffrance, la douleur, la compassion. « *L'éloquence est le son que rend un passionné* » a dit Larcodaire. La passion est comme l'âme de la parole. Ce que Dale Carnegie appelait mettre son cœur dans ses paroles.

- **L'humilité** : l'orgueil est sans aucun doute le plus grand danger des orateurs. Il a ruiné beaucoup et a privé des avantages.

- **Un homme comme tous les autres avec ses défauts et qualités** : nous devons nous mettre d'accord pour ceci. Ce n'est pas le fait de se tenir devant un public qui prouve qui prouve que vous le dépassez ou que vous avez le monopole de la connaissance. Ce qui est vrai, c'est que lorsqu'on parle les gens lisent notre esprit. En d'autres termes par nos paroles nous étalons nos connaissances et notre ignorance. Être devant les gens ne fait pas de vous une personne extraordinaire mais vous donne la fonction de messager. L'orateur ne doit pas s'attendre à être apprécié mais à faire tout pour que son message soit compris.

Cette énumération des préalables peut décourager certains. Mais on se rappellera le dicton qui prétend qu'il n'y a pas d'orateur né. Il faut aussi reconnaitre qu'être un orateur n'est pas une fin en soi. Cela ne doit pas constituer un mystère, ni un mythe.

Toute éloquence du monde ne compense pas le manque de sincérité ni le manque d'intégrité. Pour nous rendre agréable à nos auditeurs, nous devons inspirer confiance par l'honnêteté de nos desseins. Ils ne seront pas forcément d'accord avec nos idées, mais respecteront notre foi en ces idées. La sincérité, la modestie et la générosité sont des vecteurs de communication qui touchent profondément ceux qui nous entourent. Nous préférons entendre un homme aux qualités citées plus haut, même maladroit, plutôt qu'un orateur brillant qui essaie d'impressionner par son éloquence.

Les conseils de Dale Carnegie

1. Considérons nous honoré d'être invité à parler et disons-le

Si vous êtes invité à parler c'est un honneur pour vous. Puisqu'une personne ne peut pas donner l'opportunité à n'importe qui de s'adresser à un public. C'est la considération que les organisateurs ont de vous. C'est ainsi que nous devons mentionner cette marque de reconnaissance et de confiance, que nous ne devons pas nous abuser, car la gratitude est une culture qu'on ne trouve pas chez les vulgaires, disait Dale Carnegie. En fait c'est presque toujours un honneur que d'être invité à s'adresser à un groupe, quel qu'il soit. Il est aussi de préférence de dire ce qui nous unit au public.

2. Complimentons sincèrement nos auditeurs

Toute assemblée est faite d'individus et chacun réagit comme tel. Si vous la critiquez, chacun se sent visé, complimentez-les sur un fait qui mérite la louange, leur cœur vous sera ouvert. Cela vous demandera de la réflexion. Une phrase comme *je m'adresse au plus intelligent des auditeurs* ne prend pas, c'est une basse flatterie. Lorsque le président français Nicolas Sarkozy est allé en République Démocratique du Congo en 2009, s'adressant à l'Assemblée nationale, il a mentionné dans son discours la coupe que l'équipe nationale avait remportée au championnat d'Afrique des Nations. Il a été ovationné par le public. Aussi un homme a dit : "*Le meilleur moyen de se rendre sympathique à un public est de le complimenter sur un point qui le concerne, et que nous connaissons à son insu*". Pour complimenter sincèrement cela nécessite de prendre le temps de se renseigner pour pouvoir faire un compliment élégant et pertinent. Après les compliments, il est nécessaire de dire ou d'énoncer votre plan pour que le public ne soit pas dans de fausses attentes. Un public réagit très vite à la courtoisie et se vexe tout aussi vite de n'être pas considéré. Une personne qui vous aime vous pardonne bien des petites fautes. De même un auditoire à qui nous plaisons pardonnera des imperfections de la communication. Complimenter chaleureusement et sincèrement un groupe est un moyen de se faire apprécier. Ne nous adressons donc jamais à un groupe sans avoir cherché auparavant à bien le connaitre. Prenons alors quelques secondes pour rappeler à cet auditoire certaines de ses qualités particulières qui nous rendent fier d'avoir été invité à lui parler. Ne négligez pas la politesse : un « bonjour », un « merci » ou un « au revoir » en regardant son interlocuteur, constituent les règles de base de notre société. Il n'est pas défendu de serrer la main, si l'occasion se présente.

3. Mentionnons les noms de quelques auditeurs

Le nom d'une personne revêt une importance pour elle ; chaque fois que possible, mentionnons donc quelques auditeurs. Cette recommandation est à utiliser avec modération, le nom d'une personne est la marque de son individualité. Lorsque nous mentionnons le nom d'un public cela permet de réveiller et de maintenir l'attention du concerné. L'auditeur reconnaît que l'orateur s'intéresse à lui, cela réveillera aussi à d'autres une mise en garde. Cependant, si vous devez employer des noms étrangers que vous venez d'apprendre, veillez à les prononcer correctement. Ne les utilisez que d'une manière favorable avec modération. Nous pouvons aussi employer le « vous » ou le « nous » de préférence. Dans certains cas, cependant, l'emploi de « vous » est dangereux car il crée une barrière plutôt qu'un pont, et peut donner l'impression de parler de haut. Il est alors préférable de dire « nous » au lieu de « vous ». Le chef dit « vous », le leader dit « nous ». Toutefois, l'usage du « nous » peut aussi nous donner une impression empathique et désagréable.

4. Soyons modeste, ne nous glorifions pas

Il y a des orateurs - cela se passe souvent dans certains lieux de culte - qui en montant pour parler disent : « *Aujourd'hui vous allez entendre ce que vous n'avez jamais entendu* ». Ce ne sont que des prétentieux. Une fenêtre n'attire pas l'attention sur elle-même. Elle laisse simplement passer la lumière. Un bon orateur doit lui ressembler. Les auditeurs n'aiment pas les orateurs orgueilleux, vantards, hautains ou imbus d'eux-mêmes. Les gens ne viennent pas pour nous connaître mais pour écouter le message. Naturellement, rien ne remplace la sincérité dans la relation orateur-public. Lorsque vous parlez en public, vous êtes comme une vitrine et tous les aspects de votre personnalité sont déployés. La moindre marque de vantardise est dangereuse, alors que la modestie suscite la confiance et la sympathie. Vous pouvez être modeste sans vous excuser. Votre auditoire vous respectera si vous reconnaissez vos limites et si vous vous montrez résolu à faire de votre mieux. Notons que le fait de parler d'une chose ne nous donne pas le monopole de la connaissance.

5. Ne parlons pas avec un visage renfrogné, ni sur un ton de reproche

Souvenons-nous que l'expression de notre visage et le ton de notre voix en disent plus que nos mots. La nature humaine exige l'amour et aussi le respect. Tout homme a le sentiment profond de sa valeur, de son importance et de sa dignité. Si vous blessez ses sentiments, vous vous en faîtes un ennemi. Quand vous aimez et respectez une personne, vous la renforcez dans sa propre estime, et elle vous apprécie. Vous n'avez jamais entendu après un cours, un sermon, un discours, des gens se plaindre : « *il nous a parlé comme à ses enfants à la maison* ». Et les consignes données ne seront pas exécutées parce qu'ils sont blessés. En public ou en privé nous pouvons difficilement nous faire accepter avec un visage fermé et un ton de reproche Quintilien enseignait, il y a dix-neuf siècles : « *ce qui blesse l'oreille n'entre pas dans l'esprit* ». De plus, blesser l'amour-propre provoque colère et rancune.

6. Parlons de ce qui intéresse nos auditeurs et mettre de l'humour dans nos paroles

Les gens ne s'intéressent qu'à ce qui leur permet de s'améliorer. Le plus souvent, nos auditeurs sont surtout préoccupés par eux-mêmes et leurs problèmes. Si nous montrons par des exemples comment être plus heureux, plus efficace, comment dominer le stress et les soucis, comment obtenir ce qu'ils veulent, ils nous écouteront volontiers, quels que soient notre voix, nos gestes ou la construction des phrases. Si vous voulez vous en rendre compte, organisez deux conférences : comment devenir riche et comment devenir pauvre. Vous verrez vous-même. C'est pourquoi avant de faire votre allocution, demandez-vous comment vos connaissances aideront vos auditeurs à résoudre leurs problèmes et atteindre leurs objectifs. Puis présentez vos solutions, et vous aurez toute leur attention. Je connais un homme qui a expliqué au directeur général d'une entreprise comment faire pour préparer sa retraite. Il a était engagé par ce dernier pour conduire les affaires de cet homme. Vous n'avez jamais constaté que là où on parle de finance, il y a toujours foule. Il y a un pasteur qui dit toujours au début de ses sermons : « *écoutez-moi, ce que je vais vous dire peut vous aider à diminuer votre quantité de sueur de travail, aussi ça vous permet de recevoir en quelques jours ce que quelqu'un a reçu en cinq ans* ». Les gens sont égoïstes. Ils s'intéressent surtout à eux-mêmes. Ils veulent savoir comment réussir, gagner davantage d'argent, se maintenir en bonne santé. Lorsque vous vous adressez à un groupe, pensez qu'il vous écoutera dans la mesure où vos paroles le concerneront. Si vous ne tenez pas compte des préoccupations personnelles des gens, vous risquez d'avoir un auditoire qui bâillera d'ennui, regardera sa montre et la porte de sortie. Les gens veulent écouter ce qui satisfait leurs besoins, ils cherchent un sens à leur vie. Ils sont en quête de paix et de sécurité, ils veulent retrouver une certitude. Pour attirer les auditeurs utiliser la technique INTRO :

- **I : Intérêt** : mettez en relief l'intérêt du sujet, la situation, le problème ou la complication,
- **N : Nécessité** : expliquez pourquoi ce sujet mérite leur attention et l'impact qu'il peut avoir pour eux, sur le plan personnel ou professionnel : solution, conclusion ou recommandation,
- **T : Temps** : précisez combien de temps va durer l'exposé, plan de l'exposé,
- **R : Réponses** : précisez également comment vous allez répondre à leurs questions : au cours de l'exposé, durant des pauses spécialement aménagées, ou tout à la fin,
- **O : Objectif** : enfin, clarifiez l'objectif de l'exposé et ce que vous attendez d'eux à la fin ; prochaine étapes, déroulement du débat. Une autre technique consiste tout simplement à

répondre dans l'ordre aux questions usuelles de l'introduction. En structurant ainsi votre introduction, vous êtes sûr de ne pas perdre le contrôle de votre discours. Vérifiez donc que vous avez répondu, dans l'introduction, aux questions suivantes : qui, quoi, où, quand, comment et pourquoi.

Votre intervention doit avoir une suite logique du début à la fin. Harry A.Overstreet a fait remarquer : *"L'esprit immature saute du coq à l'âne ; l'esprit mûr poursuit son cheminement jusqu'au bout"*.

7. Eviter les retards et les excuses

Vous avez probablement déjà entendu des intervenants commencer de cette façon : *"j'ignorais que j'allais faire cette intervention jusqu'à hier il y a deux jours quand l'organisateur m'a dit que j'aurais à remplacer le président. Je crains de ne pas avoir assez préparé et n'étant pas très bon orateur, je risque de vous décevoir…"* Le public, agacé par ce préambule, s'impatiente et se demande si l'intervenant ferait mieux d'aborder le sujet ou de se taire. On ne devrait jamais accepter une invitation à parler en public, à moins de pouvoir s'y préparer ; l'on a fait de son mieux, il n'y a pas de raison de s'excuser. Sinon, aucune excuse n'est valable. L'excuse est en général une perte de temps irritante en public. Certes, un handicapé par un rhume, au point de ne pouvoir se faire entendre ou de s'arrêter pour tousser ou se moucher, doit bien entendu présenter de brève excuses. N'oublions pas cependant qu'un auditeur s'intéresse à notre sujet et non à notre état de santé. En général, les excuses font perdre du temps et sont ennuyeuses. Elles font apparaître l'orateur mal à l'aise, ce qui est probablement le cas ! On nous juge vite aux apparences.

8. Accueillons volontiers les critiques et les attaques au lieu de nous en formaliser

Parler en public ne nous permet pas seulement de nous faire des amis, mais aussi de nous faire des ennemis. Cela au fur et mesure que votre renommée s'accroit. Comme, on l'observe souvent : plus la position d'une personne est élevée, plus les gens trouvent du plaisir à l'attaquer. Epictète disait : "*Si quelqu'un a dit du mal de vous,* conseillait-il, *ne vous en défendez pas et dites : cet homme ne connaît pas mes autres défauts, sinon il n'aurait pas mentionné que ceux-là*". Dale Carnegie a dit : " *Chaque fois que nous sommes sur le point de nous cabrer sous une critique injuste, rappelons-nous qu'elle représente un compliment déguisé*". En d'autres termes considérez qu'une critique injuste cache souvent un compliment. Les critiques peuvent décourager ou modifier le discours d'un orateur. Dale Carnegie a aussi dit : " *Je ne recommande nullement d'être indifférent à toute critique, loin de là. Je conseille seulement l'indifférence envers les critiques injustifiées. Il est impossible d'éviter les critiques, suggestions ; les attaques vous permettent de nous améliorer. De toute les façons nous n'aurons pas tous les mêmes points de vue sur les choses. Il est important d'agir selon sa conscience. Cela fera appel toujours à des critiques*".

Avertissement

Il est important que nous puissions être avertis sur ce qui suit :

1. **L'appréciation du public** : dans tout ce que nous faisons. Nous sommes appréciés en bien ou en mal. Dans le premier cas, cela peut nuire à l'orateur dans la mesure où il cesse de faire des efforts. Parce qu'il sait qu'il est bien apprécié. Un homme a dit que l'honneur est comme le parfum. Il est d'usage externe mais lorsqu'on l'avale, il devient un poison et c'est ça l'orgueil qui précède la chute. Aussi les acclamations, le respect dont l'orateur jouit peut devenir orgueilleux. Comme Félix Wazekwa a dit : *"Un moustique croyant qu'on était en train de l'acclamer. Il ne savait pas qu'on le cherchait pour le tuer"*. Le deuxième cas nous permet de nous améliorer si seulement l'orateur accepte de changer.

2. **La familiarité et le relâchement** : ils peuvent nuire à l'orateur en ce sens que l'orateur oublie son message et se laisse emporter dans des blagues ou parle pour distraire alors que son objectif était d'informer. En d'autres termes, il perd le but pour lequel il est venu. On s'habitue ainsi, on ne pense plus à son besoin. Surtout dans le cas d'un certain homme connu, lorsqu'il veut échanger ses expériences. Il pense que tout le monde connait le détail de sa vie. On commence à relâcher la discipline. Pour éviter cela, il faut : avoir un sujet, méditer, prendre du temps à le comprendre, se documenter, penser à l'objectif du message et les besoins de l'auditoire, la discipline personnelle. Alors qu'on pense que rien n'a changé pendant que l'attitude a changé.

Les secrets des orateurs

Il est plus facile d'effleurer une question que de la développer en profondeur. Mais lorsque vous allez à la facilité, vous faîtes peu d'impression sur votre auditoire. Après avoir délimité votre sujet, posez-vous des questions qui vous permettront d'approfondir la connaissance et parler avec autorité. Pourquoi crois-je cela ? Ce que j'essaie de prouver ? Comment est-ce que ça arriver exactement ? Ces questions appelleront des réponses qui procureront une réserve de puissance. Il en est de même pour un discours. Trouvez une centaine d'idées se rapportant à votre sujet, puis rejetez-en quatre-vingt-dix. Un conférencier américain a dit : *"J'essaie toujours d'avoir dix fois plus de matière qu'il n'est nécessaire, quelquefois cent fois plus"*. Un chirurgien a dit *: "Je peux vous apprendre en dix minutes à opérer une appendicite mais il me faudrait quatre années pour vous enseigner quoi faire si quelque chose allait mal"*. Il en est de même pour l'art de parler en public. Soyez toujours prêt à parer à toute éventualité.

Vous pouvez acquérir cette réserve de puissance en choisissant votre sujet le plus tôt possible. Ne remettez pas au lendemain le choix à la veille. Si vous vous décidez assez tôt, vous aurez davantage à faire travailler votre inconscient. Un orateur qui a su forcer l'attention de l'auditoire parfois hostile à ses idées politiques a dit : si un discours est important, l'orateur doit vivre avec son thème ou son message, et y pense sans cesse. Il sera surpris du nombre des moyens de l'illustrer ou de le développer qu'il découvrira, au volant, en marchant dans la rue, en lisant le journal au moment de se coucher, ou de se lever. Les discours médiocres sont souvent le résultat d'un manque de réflexion de l'orateur, ou la conséquence de sa connaissance imparfaite du sujet.

Vos paroles n'attireront votre auditoire que lorsqu'il se sent concerné par vos dires. Les gens ne se souviennent pas de ce que nous pensons être importants ; ils ne se rappellent que de ce qui leur paraît important.

S'il vous plaît commencez !

Après avoir lu tout ce qui précède, s'il vous plaît commencez ! Le plus important n'est pas de savoir mais de faire. N'attendez pas. Le philosophe chinois Lao Tzu a déclaré : "*Un voyage de mille lieues commence toujours par un premier pas*". Car si vous attendez un moment particulier pour pratiquer ce que vous aurez appris, ce moment n'arrivera pas et vous ne ferez rien dans la vie. Même si les autres disent que vous êtes un mauvais orateur. Le philosophe Ralph Waldo Emerson a dit : "*Tous les grands orateurs ont commencé en étant très mauvais*". Paul Arden : "*Il n'y a pas de solution miracle. Le seul moyen d'apprendre, c'est par l'expérience et les erreurs*". Joan Littlewood, metteur en scène de théâtre a dit : *Celui qui ne se perd pas ne découvrira jamais de nouveau chemin. Ils ont tous compris que la voie du succès est pavée d'échecs et de tâtonnements.* Oser, c'est perdre pied momentanément. Ne pas oser, c'est se perdre soi-même. Personne n'a toutes les capacités au début, qu'importe ce que nous exerçons à faire, nos débuts sont toujours mauvais. Les bonnes intentions ne suffisent pas. On attribue au poète Samuel Johnson la phrase suivante : "*L'enfer est pavé de bonnes intentions*". Beaucoup de gens savent ce qu'ils désirent mais ne commencent pas seuls à bâtir le pont entre l'intention et la réalisation. Leurs vies ne restent que dans l'intention.

John C Maxwell a dit : "*Une des raisons pour lesquelles les gens ne commencent pas par de petites choses est qu'ils croient devoir se trouver dans un endroit idéal avant de commencer. Si seulement je pouvais être à tel endroit, alors commencer serait plus simple. Or le seul endroit où quelqu'un peut commencer, c'est là où il se trouve.*

Lorsqu'on veut commencer, l'une des premières choses ce sont les obstacles qui viennent à l'esprit. Ryan Holiday dit que l'obstacle est le chemin. C'est même le titre de son livre. Il dit ce qui suit : "*L'obstacle sur le chemin ouvre la voie. N'oubliez jamais, dans chaque obstacle se cache une opportunité d'améliorer notre condition. Aujourd'hui, la* plupart de nos obstacles sont internes. Ce n'est pas grave de se sentir découragé. Ce qui est grave, c'est abandonner. Tout est une occasion d'agir et de faire de votre mieux. Seuls certains egocentriques pensent sincèrement être surqualifiés". JC Maxwell a dit : "La plupart des gens ne le savent pas, mais il est plus simple de passer de l'échec à la réussite que des excuses au succès. Ne pensez pas à ce que vous ne savez pas faire. Pensez plutôt à ce que vous savez faire. Il y a toujours une ligne de départ". Montaigne, dans les Essais, inspirés de Sénèque : "Il n'y a point de vent favorable pour qui ne sait en quel port se rendre". Ce qui signifie que, si on veut avancer dans la vie, il faut viser un port, un but, et se donner les moyens de l'atteindre plutôt que d'errer sans objectif.

Saisissez les occasions qui s'offrent à vous. Les occasions se trouvent tout autour de vous, soyez prêt à commencer près de vous. Rick Warren a dit : "Les grandes occasions ont souvent l'aspect de petites tâches. Les petites choses de la vie déterminent les grandes. Ne cherchez pas à accomplir des actes spectaculaires". Il ne faut pas attendre le moment parfait pour commencer. Ce moment ne viendra jamais ;

autant donc vous y mettre tout de suite. Si vous ne vous y mettez pas, l'année prochaine, vous aurez un an de plus et vous ne saurez jamais commencer. Le philosophe grec Aristote a fait observer : *"Nous sommes ce que nous faisons de manière répétée. L'excellence n'est donc pas une action mais une habitude"*. Pour bien parler en public, il n'y a rien de magique. Il ne suffit pas d'attendre. Il faut y travailler. Jim Rohn a dit : *" La vie est un mélange d'occasions et de difficultés. Or l'important dans la vie n'est pas de connaître une théorie sur la façon dont les choses sont censées fonctionner, mais d'agir de façon à ce que les choses puissent bouger ou changer. Bref, il n'y a que les connaissances appliquées qui comptent"*.

Selon Jim Rohn : *"Bon nombre de gens ont peur de commencer parce qu'ils s'attardent sur de pénibles échecs du passé. Ces personnes portent des fardeaux qui pourraient fort bien les écraser à tout jamais s'ils ne s'en débarrassent pas. La vie est un mélange d'occasions et des difficultés"*. Il ajoute aussi : *Lorsque vous savez ce que vous voulez et le voulez vraiment, vous trouverez inévitablement le moyen de l'obtenir, car les réponses et les méthodes dont vous aurez besoin pour régler vos problèmes se présenteront à vous en cours de route. Tout le monde espère faire mieux. Mais l'espoir qui ne repose pas sur une solide planification peut vous être néfaste.* Ryan Holiday a dit : « *On imagine souvent que le monde tourne à notre guise. On retarde les choses alors qu'on devrait les initier.* Selon Don Miguel Ruiz : "*Agir c'est prendre le risque de sortir de votre coquille et d'exprimer votre rêve*".

Mais, il est d'un grand intérêt de garder la vision de devenir un bon orateur. Kabeya Mwembia a dit : "*La vision sans action n'est que rêver et l'action sans vision est une perte de temps. Il n'y a que la vision associée à l'action qui peut changer le monde (obtenir un résultat)*". John C Maxwell a aussi dit : "*La vision dépourvue d'enthousiasme c'est comme une image sans intérêt. La vision seule n'inspire pas le changement, elle doit être renforcée par la passion*".

Vision Biosphère
Voir la vie dans toutes ses possibilités

Vision Biosphère est une entreprise qui vise à vous faire voir la vie dans toutes ses possibilités. Tout ce que vous faîtes ou vous ferez c'est parce que vous en avez vu la possibilité d'avance.

Le concept Vision Biosphère

Dede Kasay a dit : « *Lorsque le concept est erroné, les résultats seront infailliblement erronés* ». C'est ainsi qu'il nous est nécessaire d'expliquer le concept Vision Biosphère :

- La Vision : c'est voir non pas ce qu'il y a mais ce qui doit être et en faire une réalité. Car, « *une vision sans action n'est que rêverie et des actions sans vision ne sont que des passe-temps* », a dit Mwembia Kabeya. En d'autres termes, c'est l'image mentale de ce qu'on veut faire (entreprendre) ;

- La Biosphère : C'est la partie du globe terrestre ou la vie est possible en permanence. Elle répond à la grande distinction entre le monde vivant et le monde inerte. C'est un terme pris de l'écologie qui étudie les rapports des êtres vivants et leurs milieux.

Notre expertise

Nous sommes une entreprise d'édition, de formations et conseils. Notre expertise consiste à vous révéler les possibilités qui s'offrent à vous. Nous vivons dans une société qui classifie les gens en gagnants et perdants, pauvres et riches, forts et faibles... La classification cache une certaine discrimination. Comme si tous les rapports humains devaient aboutir au triomphe des uns et à la défaite des autres. Vous n'êtes pas obligé à appartenir à une catégorie ou une autre mais de voir la vie dans toutes ses possibilités.

Nos motivations

Quelqu'un a dit : Si le but d'une chose n'est pas connu, son abus et inévitable. Nos motivations nous les puisons dans les citations suivantes :

- Dale Carnegie a dit : *"Les idées les plus brillantes au monde sont sans valeur si vous ne les partagez pas"* ;
- Périclès a dit : *"Celui qui a des idées et ne sait pas les faire passer n'est pas plus avancé que celui qui n'en a pas"*.
- Toute personne a quelque chose à donner aux autres.

Contact

Notre site internet : https://www.vision-biosphere.com/
Nous souhaitons échanger avec vous à l'adresse e-mail : visionbiospherebusiness@gmail.com
Notre page Facebook : Vision Biosphère
Twitter : Junior Pérets

Références bibliographiques

Alfred Kuen ; L'art de communiquer l'essentiel, Saint–Legier, Emmaüs ,Septième édition, 2007.

Anthony Robbins ; Le pouvoir illimité, J'ai lu, 1989.

Arden P ; 2018. Vous pouvez être ce que vous voulez être. Phaidon

Benjamin Grange, 2009 : Réussir une présentation Éditions d'Organisation

Bill Fay ; Comment communiquer sa foi sans se disputer, Éditions Impact, 32 pages

C. J. Mahamey ; L'humilité. Montréal, Sembeq, 2008, 197 pages.

Charles-Daniel et Evelyne Maire 2001 : Famille, point de repères ? Éditions ligue pour la lecture de la bible valence – France 188 p.

Dale Carnegie ; Comment dominer les soucis et les stress. Flammarion. France, 2004, 200 p.

Dale Carnegie ; Comment parler en public. Edition hachette, France, 1990 ,248 pages

Dale Carnegie ; Comment se faire des amis, Hachette, 1990, 250 Pages.

Dale Carnegie ; Parlez aisément en public. Dale Carnegie training, 2002, 22 pages

Dale Carnegie ; Retenez les noms. Dale Carnegie Training, 2002,11pages

Dale Carnegie ; Séduisez vos auditeurs, Éditions Dale Carnegie Training, 1998,12 pages

Dale Carnegie et Associé ; Comment trouver le leader en vous, Hachette, 1996 ,211pages.

Daniel Kawata ; Le verso de la souffrance MCEG production. Kinshasa – RDC ,2006 ,199p.

David .O.Oyedepo : Explorer les secrets du succès, 2008, Dominion Publishing House, 221 pages

Dede Kasay ; Le vrai concept du leadership Edition Kingdom Leadership Center. Kinshasa – RDC, 2008, 350 pages

Florence Scovel Shinn ; 2015. Le jeu de la vie, suivi de votre parole est une baguette magique. Éditions J'ai lu

Gardener A., 2018.Le bonheur est dans la tête. Éditions Bussière

Gary Smalley : Si seulement il savait, 2000, Éditions Impact, 166 pages

Giordano R., 2015.Ta deuxième vie commence quand tu comprends que tu n'en as qu'une. Éditions Eyrolles

Groupe Eyrolles 61, bd Saint-Germain75240 Paris Cedex 05 www.Éditions-eyrolles.com 112p

Jacques –Daniel Rochat ; Aide-conseil. Edition Entraide, Chexbres, Suisse, 2006,240 pages

Kawaya. N,2016.Au-delà des apprences.Amazon

Landa Cope, Communiquer comme Christ, Jeunesse en Mission, 2006, 150 pages.

Le petit Larousse Illustré 2001

Lenoir F., 2013.Du bonheur : un voyage philosophique. Éditions Fayard.

Lenoir F., 2018.La sagesse expliquée à ceux qui la cherchent. Éditions du Seuil.

M. Couralt ; L'art d'écrire, Hachette, France, 1957 ,276 pages

Maxwell, J. C., Du rêve à la réalité, Québec, Éditions du Trésor Caché,2010.

Maxwell, J. C., Parfois on gagner on apprend, Québec, GIED Éditions,2015.

Maxwell, J. C., Pensez succès. Québec, Éditions du Trésor Caché, 2017.

Maxwell, J. C., vivre intentionnellement. Québec, Groupe International d'Edition et Diffusion, 2018.

Maxwell, J.C, 2010.Tout le monde communique, peu connectent, GIED Éditions

Napoléon Hill ; Réfléchissez et devenez riche, Paris, J'ai lu, 2007, 218 pages.

Parfait K Bopey : Ceux qui font écouter le roi à la fille. Conférence du 26/08 au 28/08/2010, Ephod, Kinshasa RDC

Périer B ; 2017.La parole un sport de combat. Éditions Jean Claude Lattès.

R. Kent Hughes ; Homme de Dieu, exerce-toi à la piété, Montréal, Sembeq, 2005 ,396 Pages.

Ralph Stone 1998 ; La formation et son rôle sur l'organisation, Biodiversité support programme

Rick Warren ; Une vie motivée par l'essentiel, Lake Forest, Purpose Driven Ministries, 2006, 358 pages.

Rohn Jim ; 2015. Stratégies de prospérité. Un Monde Différent, Canada,222 pages.

Ruiz DM ; 2016.Les quatre accords toltèques. Éditions Jouvence

Ryan Holiday ; L'obstacle est le chemin ; Alission,2018

Sinek, S ; 2015.Commencer par pourquoi. Performance Edition

William Mac Donald ; ABC du disciple ; Maison de la Bible, France ,2006 ,352 p

Winfrey O ; 2014.Ce dont je suis certaine. Edition du Trésor caché.

Zamenga B ; La littérature en Afrique, Centre de zabatologie, Kinshasa-RDC, 1989, 152 pages